KB235001

하루 30분

다예아빠의 **외고합격** 프로젝트

다예아빠의

외고합격 프로젝트

이정규 지음

하루 30 분

장사 天人家

하루 30분이라는 시간의 의미

지난 해 나의 큰 딸은 서울에 있는 외고에 합격했다. 당시 나는 중학생 자녀를 둔 아빠들에게서 사교육 없이 외고에 합격한 비결이 무엇인지에 대한 질문을 많이도 받았다. 큰 딸뿐만 아니라 현재 중학교 2학년인 작은 딸도 줄곧 전교 1등을 놓치지 않는데, 남들처럼 학원 한번 제대로 다니지 않고도 이러한 실력을 발휘하는 데에는 뭔가 특별한 비법이 있을 것이라고 여기는 듯했다.

사실 내게 특별한 교육관은 없다. 단 비결이라고 말할 만한 것이 있다면, 그것은 시간이 나면 언제든지 '하루 30분'을 아이들과 함께 한다는 것이다. 이것은 지금도 여전히 실천하고 있는 일이다.

하루 30분의 시간을 함께 보내는 것과 공부를 잘하는 것이 어떠한 연관성이 있냐고 반문할지도 모르겠다. 하지만 나는 아이들과 함께 했던 '하루 30분'이, 아이들이 올바르게 자란 것은 물론 우등생으로 성장한 데에도 큰 도움이 되었다고 확신한다.

우리는 지금 너무 많은 불확실성이 존재하는 세상에 살고 있다. 하지만 자녀의 미래에 대해서만큼은 확신을 갖고 싶은 것이 부모의 마음이다. '우리 애가 잘 성장할 수 있을까? 공부를 잘해서 일류대를 졸업하고 좋은 직장을 얻을 수 있을까?'

나의 경우 이러한 물음표들에 주저 없이 느낌표를 찍게 해준 것이 바로 아이들과 함께 보낸 30분이었다. 그래서 다른 이들에게도 '아빠의 하루 30분'의 중요성을 말해주고 싶다. 물론 중요한 것은 그 30분을 꾸준히 하는 것이다.

10여 년이라는 세월을 한결같이 자녀와 30분이란 시간을 함께 하기란 사실 쉽지 않다. 하지만 이렇게 생각하면 어떨까? '내가 오늘 하루를 산다. 내일은 없다. 그럼 가장 먼저 해야 할 일이 무엇일까? 그래, 아이들과 함께 보내야겠구나.'

이런 마음을 종교를 믿는 진실한 마음처럼 가지면 된다. 그러면 자녀들은 그 믿음에 보답하여 자신이 갖고 있는 최대한의 역량을 보여줄 것이다.

몇 년 전부터 자녀 교육에 있어 아빠들의 역할이 강조되고 있다. 그리고 교육전문가들이 아빠 역할의 중요성과 아이에게 미치는 영향에 대해 얘기하며 아빠가 해야 할 일들을 제시해 주고 있다.

나는 그것을 직접 실천해보고, 실제 그 효과를 경험한 한 명의 평범함 아빠일 뿐이다. 전문가들의 말이 어렵고 추상적으로 느껴진다면, 내가 직접 실천한 일들이 도움이 되지 않을까 하는 마음에서 이 책을 쓰게 되었다.

'하루 30분 함께 하기'는 세상에서 가장 소중한 존재인 아이들을 위한 일이며, 그리고 또 아빠들 자신을 위한 일이기도 하다. 기러기 아빠가 될 염려도, 가정에서 소외될 염려도 없을 뿐더러 자녀라는 더없이 든든한 친구를 얻게 되는 일이기도 하니 말이다.

자녀에게 돈이 아닌 시간을 투자하자

대부분의 아빠들은 돈을 모으기 위해 부동산과 주식투자 등을 한다. 또한 출세를 위해 영어향상 교육, 대학원 진학 등에 적지 않은 시간을 투자하고 있다. 아빠들이 이런 상황에 있다 보니 자녀에게 하루 30분을 투자하기란 쉽지 않은 일처럼 여겨진다. 아니, 자녀는 처음부터 아빠의 투자대상이 아니었고, 관심대상에서조차 밀려났는지도 모르겠다.

아빠들은 사회적 출세가 결국 가정과 자녀들을 위한 것이라고 말할 것이다. 하지만 이것 역시 아빠로서 자녀에게 주어야 할 것은 '돈'이라고 여기는 데서 비롯된 생각일 뿐이다.

기화가거(奇貨可居)라는 말이 있다. '아주 귀한 보물이니 투자할 만하다'란 뜻으로 지금은 그 가치가 드러나지 않지만 훗날 자신에게 큰 이득을 줄 만한 사람이라고 판단되는 이에게 투자해 놓는 일을 말한다. 많은 아빠들이 당장 눈앞의 이익 때문에 훗날의 큰 이익을 놓치고 있지는 않은가?

지금 아빠들이 최우선적으로 투자해야 할 대상은 무엇일까? 다름 아닌 자녀이다. 물론 돈이 아닌 시간을 의미하는 것이다.

다음은 내가 두 딸에게 투자한 내역이다. 여기에는 하루에 30분씩 함께 했던 시간과 사교육비 등이 포함되어 있다.

■ 큰 딸의 경우

• 시간

　－ 하루 30분씩 16년 8개월, 183시간×16년+120시간 ＝

3,046.5시간 (약 4달 반 정도)

• 사교육비

– 초등학교 때 영어학원 : 월 6만원 × 5년 = 360만원

– 중 3때 요가학원 : 1개월 × 8만원 = 8만원

– 외고 대비 입시학원 : 5개월 × 50만원 = 250만원

– 현재 수학학원 : 22만원

※ 총 : 3,046.5시간 + 640만원

■ 작은 딸의 경우

• 시간

– 하루 30분씩 14년 8개월, 183시간×14년+120시간 =

2,681.5시간(약 3달 반 정도).

• 사교육비

– 수학학원 : 15만원 × 3개월 = 45만원

– 초등학교 때 영어학원 : 월 6만원 × 5년 = 360만원

※ 총 : 2,681.5시간 + 405만원

■ 투자 결과

큰 딸은 2008년 서울 소재 외고에 합격했다. 작은 딸은 중학교 입학 후 한 번(전교 4등)을 제외하곤 현재까지 계속 전교 1등을 하고 있으며 2008년 2학년 학업 최우수 장학생으로 선정되었다.

통계청에서 발표한 기준에 따르면 초등학생의 월평균 사교육비는 22만원, 중학생 사교육비는 27만원이라고 한다. 이것이 평균값이니 특목고 진학을 준비하는 경우라면 대개 이보다 더 높은 수준의 사교육비가 지출되고 있을 것이다.

불황 속에서도 증가하는 것은 사교육비뿐이고, 사교육을 위해 대출을 받는 가정도 늘고 있다. 사교육만이 우등생을 만들 수 있는 방법은 아닐 텐데 사교육비 때문에 힘들어하는 아빠들을 보고 있으면 안타깝다.

위의 내용들을 정리하여 한눈에 볼 수 있게 표로 만들어 보았다.

	사교육비 총액	나의 경우(큰 딸 기준)	각자의 경우
초등학생 자녀	1,584만원 (월 평균 22만원)	투자 시간 : 하루 30분씩 총사교육비 : 360만원	투자 시간 : 사교육비 :
중학생 자녀	972만원 (월 평균 27만원)	투자 시간 : 하루 30분씩 사교육비 : 280만원	투자 시간 : 사교육비 :

투자 시간의 빈칸을 채울 때 주저하거나 1주일에 1일이라고 적고 있다면, 그리고 평균 이상의 사교육비를 지출하고 있다면 자녀에게 무엇을 투자하는 것이 좋을지 생각해보기를 권한다.

아빠, 고마워요

제 어린 시절 즐거운 기억 속에는 꼭 아빠가 있어요. 제가 두발 자전거를 탈 수 있게 된 날에도, 배드민턴을 잘 칠 수 있게 된 날에도 아빠가 있죠. 제가 아는 오목, 원 카드 같은 놀이도 모두 아빠가 가르쳐주셨고요.

제 친구들 중 아빠를 만나본 아이들은 꼭 이 말을 해요. "너희 아빠는 진짜 즐거우신 분 같아." 그럼 난 "너희 아빠는 안 그러시니?"라고 묻는데, 그럴 때마다 친구들은 정색을 하며 전혀 아니라고 말해요.

고민을 말하기도 전에 제 달라진 표정만으로도 어떤 생각을 하고 있는지 어떤 고민이 있는지 먼저 알아채고 말을 건네주는 아빠가 있어 저는 너무 행복하답니다.

고등학교에 입학하고 나서 친구들과 얘기를 나누다 보면, 저는 참 풍요로운 중학생 시절을 보냈음을 느껴요. 제가 운이 좋았던 건지도 모르겠지만, 다른 친구들은 학교가 끝나자마자 학원에 달려가 거의 밤 10시가 되어서야 집에 돌아오는 생활을 반복했던데, 저는 가족들과 여행도 자주 가고, 방과 후에는 집에서 보고 싶은 TV도 보면서 스트레스 없이 즐겁게 공부했으니 말이에요. 공부를 잘하고 좋은 학교에 진학하기 위해 너무 많은 것을 잃어버렸던 다른 친구들을 보면서 아빠에게 참 많이 감사했어요.

어린 저를 위해 최고의 동화구연가가 되어주셨던 것도, 멋진 게임메이커가 되어주신 것도, 언제나 친절한 고민상담사가 되어주신 것도, 늘 든든한 제 편이 되어주신 것도 모두 감사드려요.

저도 나중에 아빠처럼 멋진 부모가 되고 싶어요. 제가 그랬던 것처럼 무궁무진한 이야기와 추억이 있는 어린 시절을 간직하게 해주고 싶어요. 언제나 친구 같은 부모 말이에요. 그러면 저처럼 행복한 아이가 되겠죠?

물론 그 전에 더없이 훌륭한 자랑스런 아빠의 딸이 될 거에요. 제게 많은 것을 주신 아빠. 지금처럼 언제나 영원히 제 좋은 친구가 되어주세요. 사랑해요!

1장　누구나 할 수 있는 하루 30분

01. 아빠의 변신은 무죄!

2장 오늘부터 시작하는 하루 30분

02. 무한 창의력 프로젝트의 핵심

3장 내게 선물로 돌아온 하루 30분

누구나 할 수 있는

하루 30분

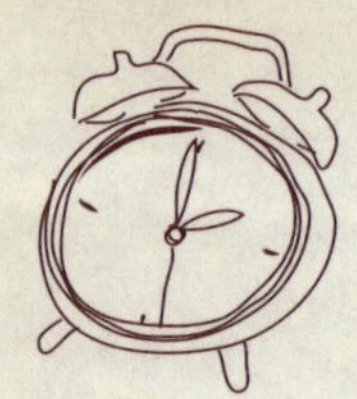

아빠의 존재

자녀들에게 나는 어떤 존재인지 생각해 본 적이 있나요?

유치원에서 가족을 그릴 때 아이가 아빠를 잠자는 사람으로 그린 적은 없는지

지금 엄마하고만 비밀 얘기를 나누고 있는 것은 아닌지

그보다 먼저 내가 자녀들과 하루에 얼마큼의 시간을 함께 하고 있는지.

01

아빠의 변신은 무죄!

나는 아이의 바뀐 신발 끈 색깔을 알아차린다

아빠들은 자녀가 태어나서 말을 배울 때까지는 자녀에게 많은 관심을 갖는다. 조그마한 입을 꽃망울 터트리듯 열며 "아빠"라고 부르던 순간의 감동은 아이가 세상을 알고 하나하나 이름을 부르기 시작하는 기적 같은 일이 매일 펼쳐지며, 아이의 입에서 "오늘은 또 어떤 새로운 단어가 피어날까?" 하는 호기심을 갖게 한다.

하지만 이것도 잠시. 궁금한 것이 많아진 자녀들이 너무 많은 질문을 쏟아놓기 시작하면서, 자녀들은 조금씩 성가신 존재로 변하고 아빠들은 이내 자녀에 대한 모든 것을 아내에게 맡겨버리고 만다. 그러고는 음주, 출세 등에 관심을 가지면서 자녀로부터 멀어지는 어리석음을 범하게 되는 것이다.

나는 오히려 자녀들이 나를 성가시게 하는 서너 살 때 더욱 관심을 갖기 시작했다. 내가 아이들에게 관심을 갖게 된 이유는 어린 시절 나의 기억 덕분이다. 대부분의 아버지들이 그렇듯 나의 아버지 역시 자식 사랑을 겉으로 잘 표현하지 않는 분이셨다. 그래서 아주 가끔씩 보여주시는 관심은 세상을 다 가진 것 같은 기분을 느끼게 해주었다. 어머니에게는 죄송한 말씀이지만, 아버지의 관심은 생활 속에 익숙해진 어머니의 표현과는 다른 특별한 선물 같았고, 나 역시 내 아이들에게 이러한 기분을 더 많이 그리고 더 자주 느끼게 해주어야겠다고 생각했다.

그래서 나는 아이들의 어눌한 이야기를 끝까지 들어주

고, 귀찮을 정도로 졸라대는 단순 놀이를 한없이 반복하여 놀아주었다. 또한 아이들이 어떠한 생각을 하면서 행동하는지를 관심을 갖고 관찰했다.

처음에는 조금 힘이 들었지만 1~2년이 지나자 일상적인 나의 습관이 되었다. 그리고 나는 두 딸에 대해 아주 사소한 것까지도 알게 되었고, 알게 된 것은 끊임없이 표현해 내가 늘 관심을 갖고 있음을 느끼게 해주었다.

오늘 아침에도 중학교 2학년인 작은 딸이 등교하기 위해 신발을 신을 때 신발 끈이 바뀐 것을 발견하고 아는 체를 했다.

"운동화 끈이 또 바뀌었네. 지난번 것보다 더 예쁘다."

작은 딸은 운동화 끈 색깔과 같은 사소한 일에 내가 관심을 보이자 매우 기쁜 표정을 지었다.

현재 우리 집은 방이 두 개다. 그래서 큰 방은 딸들이 침실로 사용하고, TV가 있는 작은 방은 우리 부부가 사용한다. 그리고 거실에는 아이들의 책상이 있다. 아이들의 공부

공간이 바로 거실인 것이다. 그래서 딸들이 공부하는 모습을 거실로 나갈 때마다 볼 수 있다.

나는 거실 책상에 놓여있는 두 딸의 참고서와 교과서를 가끔 살펴본다. 아이들이 무엇을 배우고 있는지, 그리고 얼마큼 공부하는지를 알 수 있기 때문이다. 사실 교과과정이 나의 중·고등학교 시절과 많이 달라져서 내용을 자세하게 이해할 수는 없지만 아이들이 무엇을 공부하고 있는지 또 학습 능력이 어느 정도인지는 대강 알 수 있다.

나는 두 딸이 학교생활을 시작하기 전부터 아이들의 학습 습관을 관찰해 왔고, 부진한 학습 부분에 대해 아빠로서의 의견을 표명해왔다. 물론 두 딸은 내 의견을 잘 받아주고 있다(고등학생이 된 큰 딸의 학습방법에 대해서는 더 이상 관여하지 않는다. 내 능력의 한계를 넘어섰기 때문이다).

"너 요새 공부는 좀 하고 있냐? 만날 가방만 싸들고 학교 다니는 거 아냐?"

"공부는 안 하고 음악만 듣고, 정말 한심하다, 한심해."

　이는 자녀들이 우등생이 될 수 없게끔 대못을 박는 말들의 표본이다. 늘 자녀들의 학습 습관을 지켜본다면 자녀들이 어쩌다 음악을 듣거나 만화책을 보는 광경을 목격하더라도 자녀의 가슴에 못 박는 말을 하게 되는 일은 없을 것이다. 또한 "요새 뭐 배워, 공부는 잘하고 있지?" 등의 형식적 질문으로 대화를 시도하지도 않을 것이다.

　사실 평소 대화가 없던 아빠와 자녀 사이는 짧은 질문과 대답으로 대화가 끝나곤 한다. 하지만 "공부는 잘 되니?"등의 질문들은 관심을 갖지 못하고 있음을 표현하고 있는 것과 다를 바가 없고, 자녀들 역시 그 사실을 느낄 뿐이다.

　자녀가 최소 초등학교 4학년이 되기 전까지 '피라미(초등학교 과정을 스스로 공부하는 법을 터득하는 것)'를 잡을 수 있도록 아빠들이 물고기 잡는 법을 가르치는 것을 게을리 해서는 안 된다.

　자녀들은 일단 자신의 힘으로 물고기를 잡게 되는 그 짜릿한 기쁨을 알게 되면 스스로 물고기에 싫증을 내기 전까지는 결코 물고기 잡는 것을 포기하지 않는다.

자녀에게 물고기 잡는 법을 가르치는 것은 어렵지 않다. 일상에서의 아주 작은 사소한 것들에 대한 아빠의 관심, 이것은 자녀를 감동시키고 스스로 물고기를 잡으려는 의욕을 고취시켜 줄 것이다.

요즈음 많은 사람들이 공교육이 문제라고 말하지만 나는 공교육에 문제가 있기보다는 가정에서의 교육, 그중에서 자녀들에 대한 아빠들의 교육에 더 문제가 있다고 생각한다. 많은 아빠들이 자녀들에게 학교를 사랑하는 방법을 가르쳐 주지 않기 때문이다. 다시 말해 아빠들이 하루 30분씩 자녀를 위해 투자하지 않는다는 뜻이다. 하루 30분조차 자녀와 함께 하지 않고, 자신이 힘들게 벌어온 중에서 정말 많은 돈을 쓸데없이 사교육에 낭비하고 있을 뿐이다. 그리고 자신의 자녀들에게 학교보다는 학원에 얽매이게 해 학교를 영원히 사랑하지 않게 하는 불행을 안겨주고 있는지도 모른다.

아빠들이여, 자녀들이 학교를 사랑할 수 있도록 최선을 다하자. 자녀가 학교를 사랑하게 되면 탈선을 유도하는 PC

방, 만화, 담배, 술, 나쁜 이성교제 등의 많은 유혹들로부터 벗어날 수 있다. 뿐만 아니라 학교 운동장의 곧게 뻗은 나무처럼 키뿐만 아니라 마음 역시 곧고 바르게 성장할 것이다.

정성이 듬뿍 담긴 아빠의 사랑을 느낄 수 있는
행복한 시간을 선물해보자.

자녀의 교복을 다림질하는 즐거움

나는 집안일을 잘 하는 편이다. 평일에도 퇴근 후에 집
안일을 하는 것이 습관이 되었다. 밥하는 것은 당연 기본이
고 매주 화요일 실시하는 분리수거와 음식물쓰레기 버리는
것도 내 전담이다.

한번은 아내가 일이 생겨 지방에 가야 한다면서 금요일
에 가서 다음 주 월요일에 오겠다고 한 적이 있었다. 당시

아이들은 초등학교 2학년, 4학년이어서 학교 때문에 아내를 따라갈 수가 없었다.

하지만 신혼 때부터 집안일을 열심히 해온 터라 아내가 장시간 집을 비워도 문제될 게 없었다. 밥을 지을 때에는 손등까지 물을 맞추고, 쌀을 씻은 다음 30분쯤 물에 불려 놓고 전기밥솥에 앉히면 된다. 반찬도 문제없다. 가장 쉬운 두부부침으로 해결하면 된다. 두부를 알맞게 썰어 약한 불에 부치면 그만이니까. 이렇게 나는 아내가 없는 빈 공간을 잘 채웠다. 그리고 이러한 시간들은 아이들에게 나의 사랑을 더 많이 표현할 수 있는 기회가 되기도 했다.

대부분의 아빠들은 아내가 잠시 집을 비우면 외식을 하거나 배달음식을 먹는다. 퇴근 후 집에 와서 밥을 차리는 게 사실 쉬운 일이 아닐 뿐더러 휴일에도 여간 귀찮은 일이 아닐 수 없다.

아이들 역시 외식하는 것을 좋아하긴 한다. 하지만 아빠가 끓여주는 어설픈 된장찌개를 더 좋아한다는 것은 직접 아이에게 밥상을 차려준 적이 있는 아빠만 알 수 있는 사실이다. 궁금하다면, 이번 주말 아내에게 잠깐의 휴식을 선사하고, 밥상을 차려보자. 외식으로 맛있는 음식을 사줄 때보다 더 크게 번지는 아이의 웃음을 만날 수 있을 것이다. 정성이 듬뿍 담긴 아빠의 사랑을 느낄 수 있는 행복한 시간을 준 것이니 말이다.

사실 갑자기 집안일을 배우는 것은 쉽지 않다. 그렇다면 먼저 하기 쉬운 것부터, 배우기 쉬운 것부터 시도해 보는 것은 어떨까?

여러 가지 일 중에서 나는 다림질을 강력 추천한다. 집안일 중에서 내가 반드시 하는 일이 있는데, 그것이 바로 아이들의 교복을 다림질하는 것이다. 교복을 다림질할 때마다 일상에서 잊고 있었던 아이들의 학교생활에 대해 생각할 수 있다.

'왼쪽 소매가 시커메진 것을 보니 장난을 심하게 쳤군.'

'어, 큰 딸이 옷에 향수를 뿌렸네!'

아빠들이여, 자녀의 교복만큼은 다림질해 주자. 그러면 바쁜 일상 때문에 생각하지 못하고 지나가 버리는 자녀의 생활에 대해 잠깐이나마 생각할 수 있는 기회를 갖게 될 테니까 말이다.

그리고 만약 아직 자녀가 세 살 전이라면, 목욕시키기도 권하고 싶다. 나는 딸들이 초등학교에 들어가면서 나와의 목욕을 거부할 때까지 주말이면 어김없이 딸들과 함께 목욕을 했다. 욕실에 종이배와 장미 잎 등을 띄어 놓고 딸들과 함께 신나게 목욕을 할 때면 나는 아이들의 가슴에서 쉼 없이 콩닥거리는 심장의 울림소리를, 그리고 조용한 몸의 외침을 들을 수 있었다.

아빠의 체온과 자녀들과의 체온이 함께했을 때의 그 기쁨을 느끼고 싶다면 자녀들이 세 살이 되기 전에 자주 목욕을 하자. 아빠의 심장에서 들려오는 소리를 들려줄 수 있는 때는 어쩌면 이때뿐일지도 모른다. 아들의 경우는 상관없겠지만, 딸의 경우라면 아빠가 원해도 자녀들이 거부할 테니까 말이다.

자녀와의 시간을 위해 술자리를 나오다

많은 아빠들이 가정에서 점점 외톨이 신세가 되는 듯하다. 약간의 차이는 있겠지만 자녀들이 초등학교나 중학교에 들어가는 시기부터인 것 같다. 이유는 간단하다. 경제적으로는 가족을 부양하고 있지만 아내와 자녀에게 아빠로서의 역할을 충실하게 이행하고 있지 않기 때문이다.

물론 아빠들은 아빠들 나름대로 이유가 있다.

"가족을 부양하기 위해서는 모든 시간을 회사에 바칠 수밖에 없다."

"남자들의 세계에서는 모임에서 제외되면 사회생활을 전혀 하지 못하게 된다."

하지만 이것 역시 핑계에 지나지 않는다. 게다가 가족을 부양하기 위해 더 많은 돈을 벌 수 있도록 사회활동을 하는 것이라고 말하는 것은 스스로 자신의 역할을 돈 버는 것에 국한시키는 것은 아닐까.

사실 나도 결혼하기 전에는 많은 모임에 참석했다. 대학 동문 모임, 영화 동호회 모임, 고등학교 서클 모임 등 이런저런 모임 등에 빠지지 않았다. 게다가 나는 학교와 군대에서는 물론 회사 야유회 등에서 사회를 도맡아 보는 등 매우 적극적이고 사교적인 성격의 소유자였다.

하지만 결혼 후, 특히 아이들이 생기면서부터 하나둘씩 모임을 정리하기 시작했다. 처음에는 모임에 참석하라는 독촉 전화를 받았지만 계속 모임에 나가지 않자 연락이 오지 않았다(거절을 못하는 성격 때문에 모임에 나가고 있다면 눈 딱

감고 서너 번의 독촉 전화만 이겨내면 된다).

내가 친선 모임을 정리한 이유는 간단하다. 그건 가족이 생겼기 때문이다. 나와의 시간을 필요로 하는 소중한 두 딸이 생겼기 때문이다. 사실 남자들 세계에서 친구의 존재는 매우 각별해서 친구들과의 모임에 소홀해지는 것 역시 쉽지 않은 일이다. 하지만 조금만 생각을 해보면 된다. 가장 소중한 존재가 누구인지. 친구보다는 가족이라는 사실에는 누구나 공감할 테니 말이다.

사실 자녀들이 말을 배우는 것을 보는 것이 친구 모임에서 술을 마시며 주식 등의 이야기를 하는 것보다 더 즐겁다. 백문이 불여일견! 아이들에게 배드민턴을 가르치면서 가족 간 시합을 하는 것이 친구와 등산 또는 낚시를 하는 것보다 더 스릴이 있다는 것을 느낄 수 있을 것이다.

나는 친구들과의 사적인 모임을 정리한 것은 물론 나의 퇴근 후의 시간, 즉 아이들과의 시간을 위해 한약을 핑계로 회식 자리에 가지 않은 적도 있다. 사실 나는 한약을 먹지 않았지만 집에 일찍 갈 수 있는 그럴싸한 이유를 대기 위해 한약을 먹는다고 거짓말을 한 것이다. 회식이 있을 것 같은 날이면 나는 아내가 먹는 한약 팩 두세 개를 증거로 가져와 보여주기도 했다.

또한 부서 회식이 있는 날 집사람이 회사 근처에 온 것처럼 전화를 해 회식에 빠진 적도 있다. 회식 전날 아내와 함께 작전을 짠다. 작전 내용은 간단하다. 오후 6시쯤 아내가 부장님 자리로 전화를 하는 것이다. 아내가 아이들과 함께 회사 근처로 와서 연락을 하니 부장님도 어쩔 수 없는 노릇. 감쪽같은 거짓말로 회식에 빠진 나는 아내와 아이들이 기다리는 식당으로 가서 오붓한 가족 외식을 즐겼다. 비록 상사가 눈치를 챈다 하더라도 가족을 위한 거짓말이니 이해해 줄 것이다.

아빠들이 회식 자리에서 시간을 보내는 동안 자녀들에게 아빠는 '주말에만 집에 있는 낯선 이방인' 으로 여겨지게 되는 것이다. 하지만 아빠들은 미안한 마음보다도 아내와 자녀에게 이러저러한 핑계를 대기에 급급하다.

"회사 생활 해봐. 과장님이 술 먹자고 하는데 찍히겠다는 마음이 아니고서야 어떻게 술자리를 피할 수 있겠어?”

“사회생활이 다 그런 거야. 술 먹으면서 서로 이해하는 거야. 사실 상사도 마음에 맞지 않는 후배와는 술을 안 마신다고. 그러니 나는 상사에게 인정을 받고 있는 거라고.”

“거래처와 약속인데 빠질 수가 있어야지.”

혹시 집에 일찍 들어가지 않기 위해 많은 이유들을 만든 적은 없는지 돌아보자. 집에 일찍 들어가면 아이들이 놀아 달라고 조르는 게 귀찮아서 혹은 집안일을 도와야 하는 게 힘들어서 야근을 핑계로 회사 동료들과 어울리지는 않았는지 생각해보자.

자녀와의 대화가 10여 분 이상 이어지지 못한다면 이미 집에서 외톨이가 된 것이다. 모든 자녀들이 엄마에 대해서는 관대하지만 아빠에 대해서는 그렇지 않다. 그나마 함께 공유할 추억이 없다면 거의 상대를 해주지 않을 뿐만 아니라 아주 냉정하게 대하고 만다. 그래서 지금도 파고다 공원에서 수천 명의 할아버지들이 배회하고 있는 것이 아닐까.

아빠들이여, 매일 술 권하는 사회에서 가끔은 빠질 수

있는 용기를 가져보자. 거절하는 게 쉽지 않다면 술자리를 빠질 수 있게 하는 마법의 약인 한약을 두세 봉지 주머니에 넣고 말이다.

"오늘 회식은 안 되겠는데요. 위가 안 좋아서 한약을 먹고 있어요."

그리고 일찍 집으로 돌아와서 자녀에게 자랑스럽게 말하자.

"오늘 아빠가 너희에게 책을 읽어주려고 일찍 왔어. 무슨 책을 읽어줄까?"

사회에서 외톨이가 되는 것보다 가정에서 외톨이가 되는 것이 훨씬 무서운 일이다!

좋은 집안 분위기는 아빠하기 나름

내가 아내에게 인정받는 것이 몇 가지 있다. 그중 하나가 회사에서 받은 스트레스로 집안 분위기를 오염시키지 않는다는 점이다.

사실 나는 대기업 2군데(14년), 중소기업 3군데(3년), 벤처기업 2군데(2년) 등에서 회사 생활을 하면서 상사와의 마찰을 부단히 일으켰다. 이로 인해 퇴사조치를 받는 등 생계

위협을 받는 스트레스 속에 살고 있었지만 이러한 사실과 심정을 집에서는 절대 드러내지 않았다(사실 많은 직장인들이 상사 때문에 엄청난 스트레스를 받으며 살고 있다. 그래서 괜찮은 상사를 만나는 것은 로또에 당첨된 것만큼 큰 행운이라고 생각한다).

나는 직장에서 스트레스를 받는 날이면 집에 와서 오히려 더 과장된 행동을 보인다.

"여보, 기분도 좋은데 내일 애들 데리고 외식하자."

나의 이런 행동 덕분에 집안 분위기는 늘 밝은 편이다(물론 내가 엄청난 잘못을 해 아내를 저기압 상태로 만들어 버리는 경우도 있지만 말이다).

종종 회사에서 상사 때문에 열 받고 스트레스 받는 일이 생기더라도 그것을 집에까지 가져오지는 말자. 아빠의 스트레스는 무방비 상태의 아이들에게 어쩌면 치명적인 우울증을 유발할 수도 있다.

집안 분위기를 좋게 만들기 위해 아빠들이 지켜야 할 일이 또 있다. 부부싸움을 할 때 절대 큰소리를 내지 말아야 한다는 것과 그리고 가능하면 늘 아내에게 져야 한다는 것이다.

작은 딸이 다섯 살 때다. 아내가 퇴근 시간이 일정하지 않은 내게 싸움을 걸었다.

"당신 왜 만날 늦는 거야?"

사실 직장인들의 퇴근 시간이 일정한 경우는 별로 없다. 홍보 일을 했던 나 역시 퇴근 시간이 일정하지가 않았다. 부지런히 기자들과 유대관계를 쌓아야 하기 때문이다.

그날따라 날카롭게 공격하는 아내의 말에 화가 치밀어 올랐다.

"왜? 내가 다른 짓 할까봐 그래? 일을 하다 보면 늦을 수도 있지."

"무슨 회사 일을 새벽 1시까지 해? 말이 되는 소리를 해야지."

아내가 모르는 소리다. 대한민국에서 홍보 업무를 그것도 언론 홍보를 하는 모든 홍보맨 그리고 우먼에게 물어봐라. 제 시간에 집에 갈 수가 있는지(솔직히 요즈음은 잘 모르겠다. 지금은 홍보 일을 안 하고 있으니 말이다).

아무튼 티격태격 옥신각신 10여 분 동안 큰 소리가 오가
자 방에서 자고 있던 작은 딸이 울면서 나왔다.

"아빠, 엄마하고 싸우지 마세요."

나는 얼른 작은 딸과 아내에게 사과를 했다.

"알았어. 안 싸울게. 놀랐지? 아빠가 미안해."

"여보, 잘못했어. 이제부터 일찍 들어올게."

부부가 싸우면 자녀들은 매우 불안해한다. 엄마와 아빠
가 아이들을 달래보지만 부모가 싸우는 것을 목격한 아이들
은 쉽게 마음의 문을 열지 못한다. 충격이 평생 가는 아이도
있다고 한다. 한밤중에 자다가 봉변을 당한 기억 때문이다.

'엄마와 아빠가 헤어지는 것은 아닐까? 그럼 나는 어떻
게 될까?'

최근 이혼 가정이 많아지면서, 또래 친구 중에 이혼한
부모를 둔 친구들이 있고, 그러다보니 아이들이 부모의 이
혼에 대해 걱정하는 경우도 늘었다고 한다. 한 번의 작은 싸
움이지만 아이들은 아주 불안한 마음으로 혼자 부모의 이혼

을 걱정하고 있는 것이다.

나도 결혼생활 19년 동안 아내와 적지 않은 갈등을 겪으며 살고 있다. 그러나 나는 아내를 이기려고 하지 않는다. 작은 딸이 자다가 울면서 나온 모습을 본 이후부터 말이다.

사실 부부 문제는 부부 스스로 해결해야 한다. 사랑의 결실인 자녀에게까지 그 피해가 가게 하는 것은 부모로서 너무나도 미안한 일이다. 부부, 참 불가사의한 사이다. 죽도록 사랑해서 결혼했는데 살면서 죽도록 싸워야 하는 운명이라니.

아빠들이여, 아내와 부부싸움을 하게 될 경우에는 팍팍 져라. 한 쪽이 져야 싸움이 커지지 않고, 또 그래야 좋은 집안 분위기가 유지되니까 말이다.

나는 자녀에게 좋은 거울이고 싶다

1960년대에 태어난 세대는 많은 어려움을 겪으며 자랐다. 이 시기에 태어난 나 역시 몇 번의 어려움을 겪어야 했다. 초등학교 6학년 때 갑자기 살던 집을 채권자에게 빼앗겼고, 3수 끝에 고생해서 대학에 들어갔으며, 그리고 군대 시절 132명 훈련생 중 단 네 명이 수색대에 차출될 때 운 나쁘게도 그 네 명에 속하기도 했다(내 몸 상태는 절대 수색대에 어울리지 않았음에도). 그리고 IMF도 겪었다. 개인적으로 주식 투자 실패로 수억 원의 빚을 지기도 했고, 6, 7차례 퇴사 조치를 당해 수차례 힘든 구직도 해야 했다.

나의 굴곡진 삶 때문에 아내와 아이들은 적지 않은 고생을 했다. 큰 딸의 경우 초등학교를 세 번이나 옮겨야 했다. 좋은 학교를 찾아다닌 것이 아니라 주식 실패로 인한 거주지 이전 때문이었다.

그런데 이상하게도 나는 절망감을 가져본 적이 한 번도 없다. 적어도 지금까지 살아오는 동안 삶에 대해 회의를 느끼거나 절망을 느낀 적이 없다. 내가 절망하지 않는 데에는 이유가 있다. 내가 절망하면 사랑하는 내 두 딸과 아내를 지켜내기 어렵기 때문이다. 그래서 나는 어렵더라도 항상 긍정적으로 생각한다. 이런 나의 태도 때문인지는 몰라도 나의 두 딸들 역시 어느 경우에든 밝고 당차게 자신의 일에 최선을 다하고 있다.

아이는 부모의 모습을 보고 배우며 자란다고 한다. 만약 내가 실패의 순간에 절망하는 모습을 보였다면 우리 아이들이 지금처럼 긍정적인 사고방식과 낙천적인 성격을 가질 수 있었을까 하는 생각이 든다.

나는 퇴사를 한 후 재취업까지 적어도 서너 달 정도 집에 있는 동안에도 재취업의 어려움으로 인한 스트레스로 얼굴 가득 그늘을 드리우고 있지 않았다. 오히려 그 시간을 아이들에게 보다 열심히 공부하는 모습을 보여주는 기회로 삼았다. 서로 다른 영어회화책 두 권을 사서 무조건 큰 소리로 읽고 또 읽으며 아주 열심히 말이다.

힘든 상황에 처해 있어도 공부하는 아빠의 모습은 아이들에게 좋은 자극이 된다. 그리고 이런 나의 영어 사랑(?) 때문인지는 몰라도 두 딸들은 초등학교 때부터 스스로 열심히 영어 공부를 했다. 지금 두 딸은 영어를 곧잘 한다.

혹시 갑자기 다니던 회사에서 나가라는 통보를 받게 되면 동네 근처 서점에서 영어회화책을 사자. 그리고 구직이 될 때까지 시간 나는 대로 열심히 영어책을 읽고 또 읽자. 신세 한탄하는 생각이 없어질 뿐만 아니라 이러한 아빠의 열정적인 모습은 자녀들에게 공부를 열심히 하게 하는 좋은 계기가 되어 줄 것이다.

　힘든 일이 닥쳐도 절망의 모습을 자녀에게 그리고 아내에게 보이지 말자. 그러면 자녀들은 아무리 어려운 상황이 오더라도 자신이 무엇을 하는 것이 최선을 다하는 것인지를 스스로 깨칠 수 있을 테니까 말이다.

자녀에게 힘을 주는 문자 메시지

나는 휴대전화 예찬론자는 아니지만 그래도 휴대전화에 고마움을 느낄 때가 있다. 그것은 문자 메시지 덕분에 얼굴을 마주하고 있는 집안에서뿐만 아니라 언제 어디서든 자녀와 대화를 나눌 수 있고, 또 나의 마음을 표현할 수 있기 때문이다.

나는 자녀들과 하루에 한 번쯤은 꼭 문자 메시지를 주고

받는다. 때론 "점심 맛있게 먹어^^"라는 안부의 메시지를,
때론 "긴장하지 말고, 시험 잘보렴"이라는 응원의 메시지를,
때론 "우리 딸 최고! ♥♥♥"라는 마음의 메시지를 보낸다.

학교에서 받는 나의 문자 메시지가 딸을 기분좋게 한다
고 한다. 나 역시 딸의 답장이, 그리고 먼저 전해지는 메시
지들이 힘이 된다.

뿐만 아니라 문자 메시지는 어색한 순간에도 참 유용하
게 쓰인다. 그건 바로 딸을 야단칠 일이 있을 때다. 아무리
편하고 친한 아빠와 자녀 관계라도 한번 큰소리가 나면, 어
색해지기 마련이다. 예전에 나의 아버지는 간혹 내게 꾸지
람을 하시고선 나와의 관계 개선(?)을 위해 참 어색한 행동
을 하셨던 기억이 난다. 며칠이 지난 후 야단맞는 아들이 좋
아하는 자장면(당시에는 자장면이 최고였다)을 사주시면서 자
신의 자장면을 덜어 아들의 그릇에 옮겨 주시던 그 모습. 그
것이 아버지 표현의 전부였던 것 같다.

하지만 지금은 시대가 변해도 너무 변했다. 자녀들이 부
모에게 야단을 맞은 후 그것을 풀어줄 때까지 많이 기다려

주지 않는다. 자녀를 야단친 후 그 화해 시간이 지나면 곧 어색지고 그 어색함은 시간이 흘러 대화 단절로 이어지고 만다. 특히 초등학교 4학년 이후부터는 부득이하게 자녀를 야단칠 일이 생기면 야단친 후 빠른 시간에(보통 1시간을 넘겨서는 안된다는 것이 나의 생각이다) 자녀를 다시 다독여주지 않으면 곧바로 대화단절로 이어지는 아주 위험스러움을 내포하게 되는 듯하다. 그렇다고 자녀를 전혀 야단치지 않을 수도 없으니 참 어려운 세상에 살고 있는 것 같다. 요즈음 중고생을 두고 있는 모든 부모들이 말이다.

그런 의미에서 문자 메시지는 그 화해의 수단으로 너무나 훌륭한 역할을 한다는 생각이 든다.

하루는 이런 일이 있었다.

"아빠 저는 무조건 일류대를 가는 것이 좋다고 생각하지 않아요. 학교보다는 적성이라고 생각해요."

토요일 독서실에서 늦게까지 공부하는 큰 딸을 데리러 가 함께 집에 오는 중에 딸이 평소 일류대를 가는 것이 좋겠다는 나의 약간의 강요(?)에 대해 반대의견을 제시했다.

"그럼 왜 늦게까지 공부하는데, 좋은 대학을 가려고 공부하는 거 아니야?"

"물론 그렇지만 아빠, 강요해서 되는 것은 아니잖아요."

고등학생이 된 큰 딸의 대답을 듣고 나는 조금 심기가 불편해졌다. 물론 입시라는 너무 무거운 짐 때문에 스트레스를 받고 있다는 것을 알고는 있지만 적성 운운하는 큰 딸의 말이 왠지 자신없어서 미리 스트레스에서 벗어나기 위해 합리화의 구실을 만들고 있는 것처럼 느껴졌다. 자신없어 하는 큰 딸의 약한 의지도 맘에 안들었다.

나의 이런 불편한 심기가 느껴졌는지 딸 역시 아무 말이 없었다. 집으로 돌아오는 차 안의 공기는 무거워졌고, 어색함은 20여분 동안 이어졌다.

집에 돌아온 나는 스트레스 때문에 그럴 수 있을 거라는 마음이 들었다. 잠시나마 딸의 힘든 마음을 헤아리지 못하고 부모의 욕심(?)을 강요한 것 같아 미안한 마음도 들었다. 그래서 딸이 좋아하는 초콜릿을 사러 집을 나오면서 큰 딸에게 문자 메시지를 보냈다.

"큰 딸, 미안해. 아빠는 큰 딸의 능력이 무한대만큼 훌륭하다고 생각하는데 큰 딸이 의지 약한 소리를 하니까 순간 화가 난거야. 다른 뜻은 없어. 어쨌든 아빠가 미안하게 생각해."

"아니에요, 아빠. 저도 죄송해요. 아무튼 열심히 최선을 다할게요."

금방 답장이 온 큰 딸의 문자 메시지를 받고 나는 평소보다 더 많은 초콜릿을 샀다.

아빠들이여, 하루에 한 번 자녀에게 문자 메시지를 보내보자. 평소 말로 하기 어색했던 마음을 마음껏 표현해보자. 화해의 도구로도 그만일 뿐만 아니라 학교에서 쉬는 시간 중에 받게 되는 아빠의 문자 메시지는 자녀에게 최고의 힘을 불어넣어주는 마술이 될 것이다.

나의 취미는 자녀와 하루 30분 같이 하기

나는 서른한 살에 결혼하여 서른세 살에 첫 딸을 보았다. 첫 아이라서 그랬는지 아니면 식구가 하나 더 생긴 것이 신기해서였는지 자연스레 아이 돌보는 시간이 늘어났다.

"여보, 기저귀 갈아줬어?"

"여보, 목욕은 시켰어?"

예전에는 생각조차 하지 못했던 말들이 줄줄 나왔다.

그리고 이때부터 나는 말도 하지 못하는 큰 딸을 상대로 하루 30분씩 알아듣든지 그렇지 않든지 관계없이 책도 읽어주고 아이를 웃기기 위해 온갖 쇼를 했다.

아이를 돌보는 것이 아빠들에게는 무척 힘든 일이란 것을 나 역시 잘 알고 있다. 나도 처음에는 아이들을 돌볼 때 짜증이 난 적이 있었다. 하지만 내가 아이를 보는 것은 퇴근 후 겨우 몇 시간일 뿐, 하루 종일 아이를 돌볼 아내를 생각하자 그런 짜증이 조금씩 사라지게 되었다. 이후 '하루 30분 아이와 놀아주기'는 나의 취미이자 특기가 되었다.

아이들이 자라 지금은 중2와 고1이 되었다. 하지만 나는 지금도 아이들과 시간이 나면 같이 논다. 노래방 가기, 곱창 먹기, 만화책 줄거리 이야기하기 등을 하면서 말이다.

아빠들이여, '자녀와 하루 30분 같이 하기'라는 취미와 특기를 가져보자. 이것만큼 재밌고 유익한 취미는 없다. 낚시광이 대어를 낚을 때의 짜릿함보다, 등산광이 정상에서 느끼는 쾌감보다 더 큰 기쁨을 누릴 수 있을 것이다. 그 시간 자체가 행복한 것은 물론 자녀의 훌륭한 성적이라는 결실이 생기니 말이다. 덕분에 나는 '자녀의 성적표 기다리기'라는 또 다른 취미도 얻었다.

"아빠, 이번 영어경시대회에서 저와 7반 애가 100점을 받았는데 동점자 문제에서 제가 이겨서 1등을 했어요."

작은 딸이 최근에 있었던 교내 영어경시대회 최우수 상장을 자랑스럽게 내보였다. 나는 내 취미와 특기가 딸아이의 성적에 큰 영향을 주었다고 확신한다.

물론 이건 나의 경우만은 아니다. 몇 년 전 회사 동료가 사교육비 때문에 생긴 고민을 털어놓았다. 두 아이가 모두 초등학생이 되면서 사교육비가 감당이 되지 않기 시작한 것이다. 대리운전을 시작한 자신의 친구 얘기도 들려주며 자녀 교육의 어려움을 호소했다. 나는 그 친구에게 지금 하고 있는 사교육 등을 그만두라고 말하며 대신 퇴근 후 일찍 들어가 하루 30분씩 자녀와 함께 할 것을 권했다.

당시 동료는 의아해 했지만, 지금 내게 아주 많이 고마워한다. 만약 그때 내게 고민을 상담하지 않았다면 힘들게 번 돈을 몽땅 사교육비에 써버리고 자신은 자신대로 가정에서 얼굴 한번 제대로 보지 못하는 아빠가 되어버렸을 것이라면서(물론 지금 그 동료의 자녀들도 모두 우등생으로 자라고 있다).

'자녀와 하루 30분 같이 하기'라는 취미는 누구에게나 자녀가 학원에 다니지 않고도 우등생이 되는 행복한 선물을 안겨줄 것이라고 믿는다.

또한 이 취미는 자녀와 친구가 되는 더없이 좋은 선물도 안겨준다. 자녀와 원활한 관계가 구축되지 않으면 훗날 머리 큰 자녀와 갑자기 진솔한 대화를 나누기가 쉽지 않다. 원론적인 단답형의 대화만 하게 될 뿐, 자녀들의 고민이나 생각을 알 수 없다.

"학원은 잘 다니지?"

"공부하는 데 어려움은 없지?"

"나쁜 친구하고 사귀지 말고 엄마 말 잘 듣고 학교생활 열심히 해."

단지 이런 말만 되풀이하게 된다(혹시 지금도 이런 말만 하고 있는 것은 아닌지). 그리고 아빠라는 것을 인식시켜주기 위해 선심 쓰듯 용돈을 과하게 주면서 아빠로서의 역할을 다 했다고 생각할 것이다. 아빠들이여, 용돈 주는 은행으로 전락하기 싫다면 오늘부터 '자녀와 하루 30분 같이 하기'를 취미로 삼아보자.

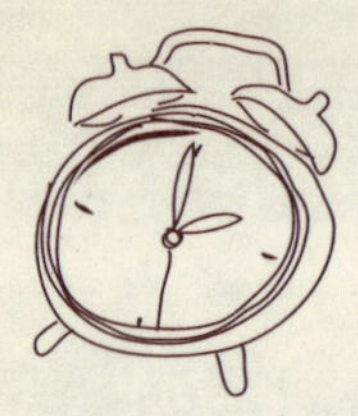

30분의 선물

자녀에게 줄 수 있는 최고의 선물은 아빠의 시간입니다.

하루 30분이라는 작은 선물을 오늘부터 자녀에게 선물해 봅시다.

자녀에게 선물한 그 30분은 더 큰 선물로 되돌려질 것입니다.

자녀와 함께 보낸 그 30분은 오히려 아빠가 받게 되는 선물이 될 것입니다.

02

나는 아빠이자 친구이다!

자녀를 절친으로 만들기 위한 필수 조건

나를 포함하여 거의 모든 사람들은 부자가 되는 희망을 갖고 산다. 그럼에도 불구하고 돈이 많은 사람보다는 돈이 없어 전전긍긍하는 사람들이 더 많은 것 같다. 물론 내 주위에는 외제차를 타고 큰 아파트에 사는 재력이 되는 사람들도 여럿 있다. 그들은 돈 모으는 재미에 푹 빠져 있다. 해마다 통장에 찍혀지는 돈의 액수가 늘어나기 때문일 것이다.

하지만 돈을 쓰지는 않는다. 그냥 모으기만 한다. 아마도 그들은 돈이 사람만큼 재미를 주지 않는다는 사실을 모르는 것 같다.

내겐 돈을 모으는 재미보다 더 쏠쏠한 재미가 있다. 두 딸과의 지속적인 대화가 그것이다. 자녀와의 대화가 왜 재미있는지 아는 사람은 다 안다. 자녀가 두 살 때 말을 터득하면서 내뱉는 언어에서부터 사춘기로 접어들면서 표출하는 자신의 생각 그리고 나름대로 터득해 온 사회에 대한 얘기까지 그 변천사를 지켜보는 재미는 그 어떠한 것보다 쏠쏠하다. 그런 의미에서 나는 외제차를 타고 큰 평수의 아파트에 사는 사람보다 행복한 삶을 살고 있는 것이다.

하지만 불행하게도 많은 부모들이, 특히 아빠들이 자녀가 사춘기에 접어드는 초등학교 5, 6학년 시기부터 이 쏠쏠한 재미를 잃게 되는 듯하다.

앞서 얘기한 바와 같이 아빠들이 사회생활에 너무 치우친 나머지 스스로 소외되는 길을 택하는 경우도 있지만, 자녀와의 대화 마찰에 의해 이런 현상이 생기는 것 같다. 그

원인들에 대한 내 생각은 이렇다. 아빠가 겪었던 경험(사실 본인도 정확히 맞는 생각인지 검증도 하지 않은 채)을 일방적으로 자녀들에게 강요하기 때문이 아닐까. 자녀의 생각을 들어보지도 않은 채 무조건 자녀의 의견을 부모의 주관으로 일방적으로 무시하기 때문은 아닐까.

내가 지금까지 자녀들과 지속적인 대화가 가능한 이유는 단 한 가지다. 자녀를 나의 고등학교 친구처럼 또는 뜻이 잘 맞는 '절친' 처럼 대하기 때문이다. 나는 자녀들이 말할 때 그들의 말을 경청하며 내 의견과는 다른 견해를 말하더라도 그들의 생각을 존중해준다.

자녀와의 다툼을 피하는 가장 좋은 방법은 자녀를 진짜 인생의 친구로서 대해주는 것이다. 나는 회사 생활을 하거나 지인들을 만나 이야기를 할 경우에는 내 주장을 강하게 하는 편이다. 그래서 종종 오해의 여지를 남기기 때문에 썩 좋은 인간관계를 유지하지 못하고 있음을 자인한다.

하지만 아이들에게는 강하게 나의 주장을 펴지 않는다. 아이들이 나에게 잘못된 사고방식을 배우게 되어 나처럼 타인에게 오해를 주는 것을 막기 위해서다.

작은 딸이 초등학교 6학년 때 나에게 물었다.

"아빠, 영어공부는 왜 하는 거예요?"

"아빠 생각에는 영어공부를 열심히 하면 일류 대학에 갈 수 있기 때문이 아닐까 하는데."

"제 생각에는 영어가 국제적으로 통용되는 언어니까 영어를 배우게 되면 나중에 외국 사람과 쉽게 대화를 할 수 있기 때문이라고 생각해요."

"아빠가 너무 대학입시에 대해서만 생각한 것 같은데, 네 말이 더 설득력이 있네. 네 의견이 맞는 것 같아."

나는 많은 아빠들이 자녀와 대화하는 데 어려움이 있다는 것을 알고 있다. 그 원인은 자녀의 의견에 대해 무조건 아니라고 말하고 자신의 말이 맞는다고 우기기 때문일 것이다. 자녀가 타인의 말에 귀를 기울이고 그들의 생각을 존중하면서 원활한 유대 관계를 갖는 사람으로 성장하기를 원한다면 자녀와 대화할 때 자녀의 생각을 존중해야 한다는 것을 잊지 말자.

약속을 꼭 지키는 아빠

"이 과장, 간단하게 맥주 한 잔 더 하러 가지."

내가 잘 아는 신문사 기자가 술을 더 권한다. 당시 나는 언론 홍보 일을 했기 때문에 거의 매일 술자리가 이어졌다.

시간을 보니 벌써 자정이 넘어 있었다. 시간도 시간이지만 아침에 큰 딸에게 일찍 들어와서 책을 읽어준다고 약속한 것이 불쑥 떠올랐다.

‘지금 자고 있을까?’

나는 화장실을 간다고 핑계를 대고 자리에서 나와 집으로 전화를 했는데 뜻밖에 큰 딸이 전화를 받았다.

"아빠, 나야. 왜 안 와? 책 읽어준다고 했잖아."

"응, 알았어. 지금 빨리 갈께."

나는 급히 자리로 돌아가 기자에게 말했다.

"지금 애가 열이 많이 난다는데, 빨리 가봐야 할 것 같아."

나는 기자의 답변은 듣지도 않고 얼른 택시를 잡아타고 집으로 갔다. 그제야 마음이 편안해졌다. 집에 도착한 나는 가까운 슈퍼마켓에서 술 깨는 약을 사 10분에 걸쳐 다 마셨다. 1.5리터짜리 음료수가 내겐 술 깨는 약이다. 술을 코가 삐뚤어지게 먹지 않는 이상 이 방법은 효과가 있다.

거의 새벽 1시가 가까워서야 집에 도착했고, 여전히 나를 기다리고 있는 큰 딸에게 약속대로 책을 읽어주었다.

아빠들이여, 자녀와 친구가 되기 위해 가장 중요한 것은 약속을 지키는 것임을 명심하자. 그중에서도 이제 막 말을

배우고 글을 깨치고 책을 읽기 시작한 서너 살 자녀와의 약
속은 무슨 일이 있어도 반드시 지키자. 자녀와의 약속을 밥
먹듯 어기게 되면 자녀는 더 이상 아빠를 신뢰하지 않게 될
것이다.

새벽 2시에 주는 햄버거 사랑

나는 시험 기간에 아이들과 함께 밤을 새운다. 두 딸들은 초등학교 고학년에 올라가면서 스스로 더 좋은 물고기 잡는 것에 재미를 붙여 시험 기간에 늦게까지 공부를 하기 시작했고, 이때부터 함께 밤을 새워주는 것 역시 자연스레 나의 습관이 되었다.

이러한 나의 습관은 공부를 도와주기 위한 것이 아니다.

잠자는 것을 감시하기 위해서는 더욱더 아니다. 나는 새벽 1시쯤 편의점에 가서 아이들이 좋아하는 삼각 김밥과 과자류 그리고 음료수를 사온다. 한마디로 나는 밤샘 시험공부를 하는 아이들에게 든든한 지원군이 되어주는 것이다.

최근 고등학교 1학년인 큰 딸이 기말고사 시험공부를 하고 있었다. 시계를 보니 새벽 2시를 넘기고 있었다. 나는 조용히 밖으로 나가 24시 패스트푸드점에 가서 큰 딸이 좋아하는 햄버거 세트를 사가지고 왔다.

"아빠, 고마워요. 안 그래도 배가 고팠는데 맛있게 먹을게요."

내가 내미는 특별간식(?)은 쏟아지는 졸음과 스트레스를 물리치는 좋은 약이 되어주는 듯하다.

아이들 시험이 다가오면 마트에 가서 큰 딸이 좋아하는 스파게티와 작은 딸이 좋아하는 군만두를 사는 것도 잊지 않는다. 그리고 배가 고플 시간인 새벽 1~2시쯤 간단하게 요리한 후 식탁에 차려 놓는다.

"얘들아, 스파게티와 군만두 해놨어. 더 필요한 거 있으면 말해.”

그리고 나는 다음 날 아침 식탁 위에 놓인 딸들이 내게 남긴 쪽지를 보는 즐거움을 얻는다.

아빠들이여, 자녀들이 밤을 새워 공부한다면 새벽 2시쯤 몰래 자녀가 좋아하는 간식을 사다주자. 그러면 자녀는 시험 스트레스를 날려주는 아빠의 진한 사랑을 함께 먹게 될 것이다.

멋진 척 하는 아빠보다 솔직한 아빠가 좋다

"당신 또 주식해서 얼마나 잃었어? 주식하지 말라고 그
랬지, 내가."

아내가 엄청 화가 났다. 아파트 담보로 8천만 원을 대출
받고 주식에 투자한 것을 아내가 눈치 챘던 것이다.

10여 년 전 아내가 친지의 도움으로 어렵게 장만한 아파
트를 아내 몰래 대출을 받았으니 얼마나 화가 났을까는 말

이 필요 없는 상황이었다. 주식 투자 실패로 1년여 동안 거주했던 33평 아파트에서 서울과 구리 경계에 위치한 26평 아파트로 이사를 해야만 했다.

이 사건 이후 아내는 거의 6개월 동안 나와 말을 하지 않았다. 그리고 아내는 내가 직장 생활을 계속했음에도 불구하고 대형 마트에서 주부 아르바이트를 시작했다(그리고 나와는 달리 능력을 인정받아 지금은 담당 팀장이 되어 직장생활을 계속 하고 있다).

당시 큰 딸은 초등학교 3학년이었고 작은 딸은 1학년이었다. 아이들은 엄마의 싸늘한 분위기가 아빠 탓이라는 것을 눈치는 챘지만 정확히 왜 그런지는 모르는 표정이었다. 나는 두 딸에게 아빠의 잘못으로 인해 집이 줄어들었고 엄마가 아빠 때문에 고생하고 있다는 내용을 설명해 주었다. 그래도 아빠는 엄마를 사랑하고 있으며 엄마가 아빠를 용서할 때까지 열심히 반성하며 살겠다는 나의 솔직한 마음을 아이들에게 보여준 것이다.

나는 아이들이 불안하지 않도록 최선을 다해 집이 줄어

든 만큼 더 많은 사랑과 관심으로 아이들을 돌보기 시작했다. 나의 이런 노력(?) 덕분인지 아이들은 이런 혼돈(?)의 시기를 잘 넘겼다.

자신의 잘못을 어린 자녀들에게 말하는 것은 물론 쉽지 않다. 아빠로서의 권위를 잃어버리는 것은 아닐까 하는 염려도 생길 것이다. 하지만 사실 자녀들도 부모들의 변화를 눈치 챈다. 그리고 오히려 잘못을 하고도 아무렇지 않게 전처럼 권위를 차리는 아빠의 모습에 실망을 할 것이다.

솔직하게 자신의 잘못을 애기하는 아빠의 모습은 자녀에게 잘못을 하지 않는 아빠만큼이나 좋은 인상을 준다. 그리고 자신들을 하나의 인격체로 대해준 것에 대해 기뻐할 것이다.

동방신기 노래를 배우다

현재 중학교 2학년인 작은 딸은 동방신기에 살짝 미쳤다. 광팬은 아니지만 그들을 참 좋아한다. 최근에는 올림픽공원에서 열린 드림콘서트에 가서 야광 팬을 미친 듯이 흔들어대고 왔다.

우리 집에 동방신기 중 시아준수를 좋아하는 광팬(?)이 또 한 명 있다. 바로 애들 엄마다. 이런 이유로 저녁때가 되면 우리집 거실에서는 컴퓨터에서 동방신기 노래가 흘러 나온다. 그것도 연속해서 말이다.

물론 나는 영원한 오빠 조용필 팬이다. 그래서 혼자 있을 때나 화장실에 있을 때에는 편곡도 하고 개사도 하며 '킬리만자로의 표범'을 부른다. 노래가 너무 길어 다 외우지는 못하지만 열심히 흥얼거린다. 그런데 두 딸은 조용필을 잘 모른다. 그 위대한 오빠를. 나는 동방신기 멤버 다섯 명의 이름을 모두 외우는데 말이다. 그래도 어쩔 수 없지 않는가. 두 딸과의 대화의 끈을 잡기 위해서는 아이들 최대관심사 중 하나인 연예계 소식에 나의 이목을 집중시킬 수밖에.

나는 인터넷을 통해 거의 매일 연예계 소식을 본다. 원더걸스가 신곡 'Nobody'를 발표했고, 허당 이승기가 번지점프를 하지 못했고, 김장훈이 서해안 주민 돕기 자선음악회를 열 계획이며, 차인표, 신애라 부부가 가슴으로 낳은 아이들이 세계 도처에 있다는 등 연예계의 크고 작은 소식들을 딸들이 학교에서 돌아오면 곧바로 알려준다. 그러면 딸들 역시 자기가 들은 정보를 나에게 알려준다. 그리고 자연스레 다른 대화가 이어진다.

나는 두 딸이 아주 어렸을 때부터 아이들이 성장하는 시기에 맞춰 그들이 관심을 갖고 있는 분야가 무엇인지를 파악한 후 아이들 수준에 맞춰 대화를 해왔다. 그래서 두 딸과 대화 단절이란 것이 없다.

아이와의 대화는 작은 놀이에서부터 시작됐다. 세 살 난 작은 딸이 손가락으로 나를 가리키며 '빵' 하고 총을 쏘는 흉내를 낸다. 나는 몸을 비틀거리며 바닥에 깔아놓은 이불 위에 최대한 멋있게 그리고 오버하며 쓰러진다. 그때마다 작은 딸은 웃음을 터뜨리며 자지러진다. 작은 딸은 연달아 총을 쏘고 나는 쓰러지고 또 쓰러진다. 작은 딸이 싫증을 낼 때까지 10여 분을 죽었다 살았다 했다. 사실 10분 동안 똑같은 행동을 하는 것이 생각만큼 쉽지 않지만 또한 견디는 요령 역시 매우 간단하다. 그 놀이에 진심을 가지고 놀면 된다.

시간이 지날수록 작은 딸은 두 발로 비행기 태우기, 목마 태우면서 업어주기처럼 몸을 많이 쓰는 놀이를 요구했다. 이러한 놀이를 통해 아이와의 대화거리가 늘어난 것은 물론 친구가 될 수 있기도 했다. 만약 당신의 자녀가 아직 어리다면 끊임없이 놀아주어라. 그것이 사춘기까지 이어지는 대화의 시작이니까 말이다.

그리고 아이와 대화하는 아빠가 되기 위한 또 한 가지 좋은 방법이 있다. 그것은 아이 앞에서 수다쟁이가 되는 것이다. 나는 두 딸이 말을 하기 전부터 퇴근하고 집에 돌아오면 어김없이 30분 동안 대화를 했다. 두 딸이 알아듣든 못 알아듣든 상관없이 말이다.

먼저 막 돌이 지난 작은 딸에게 묻는다.

"오늘 우리 둘째는 목욕을 했을까요? 안 했을까요? 분 냄새 나니까 했네."

이런 식의 수다를 떨면 작은 딸은 작게 웅얼거린다.

"응, 빠, 빠."

다음은 세 살 난 큰 딸에게 말을 건다.

"우리 큰 딸은 책을 봤을까요? 안 봤을까요?"

큰 딸이 대답한다.

"응, 봤어. 사자, 호랑이, 여우, 어쩌고저쩌고."

아빠들이 수다쟁이 성향을 지니고 있으면 자녀들이 명랑 쾌활하게 성장하는 데 크게 도움이 된다고 한다. 뿐만 아니라 자녀가 중학생이 되고 고등학생이 되었을 때 자연스럽게 대화를 할 수 있을지 없을지는 아빠가 자녀들이 어린 시기에 수다쟁이가 되었느냐 그렇지 않았느냐에 달려 있다. 자녀와 자연스러운 대화가 된다면 자녀가 잘못된 길을 선택하는 것을 막을 수 있는 것은 물론이다.

"아빠, 오늘 운동회를 했는데 우리 청군이 지고 있다가 달리기 400미터 계주에서 우승하는 바람에 1200점 대 1950점으로 이겼어요. 과학 선생님이 40대 후반이신데 너무 잘 달리시는 것 있지요. 놀랐어요, 나도."

최근 작은 딸이 퇴근한 나와 나눈 대화다.

자녀와의 대화, 이것 정말 중요하다. 대화를 통해 아이들의 생각을 읽을 수 있고, 생각을 읽게 되면 아이들의 심리 상태를 파악할 수 있다. 그렇게 되면 자연스레 아이들과 친밀 관계를 유지할 수 있게 된다.

아이들이 어떤 고민을 가지고 있으며, 불만은 무엇인지를 파악하는 것은 매우 중요한 일이다. 아이들이 언제 어떤 상태에서 공부를 하는 것이 좋은지를 알게 되면 자녀들을 우등생으로 만드는 데도 좀 더 수월해진다.

대화의 물꼬를 트는 시기는 중요하지 않다. 아이와 반복놀이를 할 수 있는 나이가 지났다고 해서, 새삼스런 수다쟁이 아빠의 행동을 의아하게 쳐다볼지도 모른다고 해서 주저할 필요는 없다. 대화는 지금부터 시작하면 된다.

자, 지금 스파이가 되어 아이의 책상을 살펴보자. 아이가 어떤 가수를 좋아하는지, 그 가수의 최신곡이 무엇인지 열심히 연습을 한 뒤, 이번 주말 가족들과 노래방에 가자. 잘 부르지 못해도 좋다. 노래를 거의 편곡 수준으로 불러도 상관없다. 동방신기 혹은 빅뱅의 노래를 부르는 순간 아이들과의 대화는 이미 시작된 것과 마찬가지니까 말이다.

사춘기 자녀의 든든한 고민 상담소

큰 딸이 중학교에 들어갔을 때다. 어느 날 아내가 심각한 표정으로 말한다.

"요새 큰 애가 평소에 안 하던 반찬투정도 하고, 묻는 말에 퉁명스럽게 대답해요. 짜증도 부쩍 늘었고요."

큰 딸의 몸에 이상 기후가 감지되면서 성격까지 바뀌는 사춘기가 온 것이다. 대책 없이 쏟아내는 큰 딸의 투정에 현명하게 대처하지 못한다면 자녀와의 대화가 영원히 단절될 수도 있는 위기가 찾아온 것이다!

이때 아내가 대처한 방법은 큰 딸의 공격 중 들어줄 수 있는 부분은 아무 조건 없이 적극적으로 들어주는 것이었다. 하지만 황당한 요구에 대해서는 인내심을 가지고 안 되는 이유를 설명해 주었다.

"너 지금 뭐라고 그랬어? 철 좀 들어라, 철 좀. 지금 너한테 들어가는 학원비가 얼만데 뭐를 또 해달라고 징징대는 거야, 엉?"

이것은 사춘기에 접어든 자녀와 대화 단절을 통보하는 가장 흔한 사례다.

초등학교 5학년에서 중학교 1학년 사이에 있는 자녀가 어느 날 억지투정을 한다면 자녀가 사춘기에 진입한 것임을 알아야 한다. 그리고 부부가 잘 상의해서 이 시기를 현명하게 극복해야 한다.

자녀의 사춘기를 함께 극복해 주는 가장 좋은 방법 역시 대화다. 그리고 사춘기 자녀의 심통 난 마음을 열게 하는 또 하나의 비법을 알려주자면, 그것은 바로 허그다.

"작은 딸, 왔어?"

"큰 딸, 고생했어."

나는 두 딸이 학교에서 올 때마다 아이들의 기분에 상관없이 무조건 살짝 딸들을 품에 안는다. 그러고는 딸들의 이야기를 들어준다. 힘든 마음을 살포시 안아주는 아빠의 허그는 자연스레 딸이 닫아두려고 했던 마음을 열게 한다.

딸은 어떤 날은 기분 좋았던 일을 또 어떤 날은 속상했던 일을 이야기하기 시작한다. 두 딸을 안아주고, 이야기를 들어주는 일이 습관이 되면서 참 많은 것을 느끼고 있다. 사춘기를 겪는 두 딸들이 자신들의 생각을 이야기해주고 그에 대한 나의 생각들을 이해하려고 애쓰는 모습들이 너무 좋다.

우리 집에는 없는 것이 참 많다. 벽걸이 TV, 김치냉장고, 케이블 방송 등. 물론 살면서 불편할 때도 있다. 그러나 없어서 행복한 것이 있다. 바로 딸들과의 대화 단절이다.

나는 무엇보다 자녀와의 대화 단절이라는 나쁜 친구가

집에 없는 것이 너무 행복하다. 그래서 그런지 우등생이라는 좋은 친구가 우리 집을 떠날 생각을 안 하고 있다.

아빠들이여, 자녀보다 일찍 귀가하여 밤늦게 공부하고 들어오는 자녀들을 살짝 안아주자. 그것도 아주 부드럽게.

"이제 오니? 공부하느라고 고생했어."

그러면 자녀들은 느낄 것이다. 많은 말은 하지 않지만 마음속으로 수많은 사랑의 대화가 오고 가고 있음을 말이다.

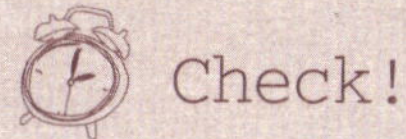 Check!

좋은 아빠가 될 수 있는 방법들이다. 이 중 몇 가지를 실천하고 있는지 체크해보자. 그리고 40가지 이상을 실천하는 좋은 아빠가 되기 위해 자녀에게 하루 30분씩 투자를 시작하자!

- ☐ 나는 태교일기나 육아일기를 쓴다.
- ☐ 나는 육아책을 읽으며 육아에도 적극적으로 참여한다.
- ☐ 나는 귀가해서 아이들을 안아준다.
- ☐ 나는 자녀를 많이 칭찬해준다.
- ☐ 나는 아이의 책을 들여다본다.
- ☐ 나는 아이들이 이야기하는 것을 잘 들어준다.
- ☐ 나는 "사랑한다"는 말을 자주 해준다.
- ☐ 나는 아이들 앞에서 엄마(아내)를 칭찬한다.
- ☐ 나는 아이들과 컴퓨터 게임을 한다.
- ☐ 나는 아이들 방 정리를 함께 한다.
- ☐ 나는 한 달에 한 번 가족회의를 연다.
- ☐ 나는 아이들 키와 몸무게를 표시해둔다.
- ☐ 나는 한 달에 한 번 가족 신문을 만든다.

☐ 나는 아이들 앞에서 부부싸움은 절대 하지 않는다.

☐ 나는 아이가 좋아하는 프로그램을 같이 시청한다.

☐ 나는 장난감 조립을 같이 해본 적이 있다.

☐ 나는 식사시간을 맞춰 온 가족이 한 끼의 식사를 함께 할 수 있도록 한다.

☐ 나는 공부하는 모습을 자녀에게 보여준 적이 있다.

☐ 나는 아이와 함께 여행을 간다.

☐ 나는 아이와 함께 서점 간다.

☐ 나는 아이에게 전화나 편지, 메모를 자주 한다.

☐ 나는 아이들과 함께 운동을 한다.

☐ 나는 아이들과 함께 공연장에 간다.

☐ 나는 노인을 공경하는 모습을 보여준다.

☐ 나는 휴일에는 자연을 접하게 하거나 박물관 견학 등을 한다.

☐ 나는 남의 아이도 내 아이처럼 대하는 모습을 보여준다.

☐ 나는 아이가 힘들어하는 일을 대신해주지 않고 반드시 아이를 참여시킨다.

☐ 나는 환경 보호에 앞장선다.

☐ 나는 가끔 아이와 함께 장을 본다.

☐ 나는 아이들을 유치원이나 학교에 데려다 준 적이 있다.

☐ 나는 아이와 함께 세차를 해 본 적이 있다.

☐ 나는 아이와 목욕탕에 함께 간다.

☐ 나는 운전할 때 욕을 하지 않는다.

☐ 나는 아이들의 판단과 결정을 존중해준다.

☐ 나는 아이들과 약속한 것은 반드시 지킨다.

☐ 나는 자녀의 생일은 잊지 말고 기억한다.

☐ 나는 야단을 칠 땐 분명하고 확실하게 한다.

☐ 나는 존댓말을 가르친다.

☐ 나는 자녀가 말할 때까지 기다려준다.

☐ 나는 최고보다는 항상 최선을 다하라고 가르친다.

☐ 나는 자녀의 성적에 연연해하기보다는 자녀의 관심사와 특기에 관심을 갖는다.

☐ 나는 자녀와 추억을 만들 수 있는 일을 많이 한다.

☐ 나는 내가 하는 일을 자녀에게 자세히 설명해 준 적이 있다.

☐ 나는 아이의 생활에 관한 사소한 것들을 기억한다.

☐ 나는 자녀를 남과 비교하지 않는다.

☐ 나는 자녀의 편지나 일기장을 몰래 엿보지 않는다.

해당사항이 되지 않은 항목 중에 '내가 왜 이걸 미처 하지 못했을까?' 라고 여겨지는 것은 없었는지 돌아보자. 좋은 아빠가 되는 것은 참 쉬운 일이다. 그리고 세상에서 가장 보람되고 행복한 일이다.

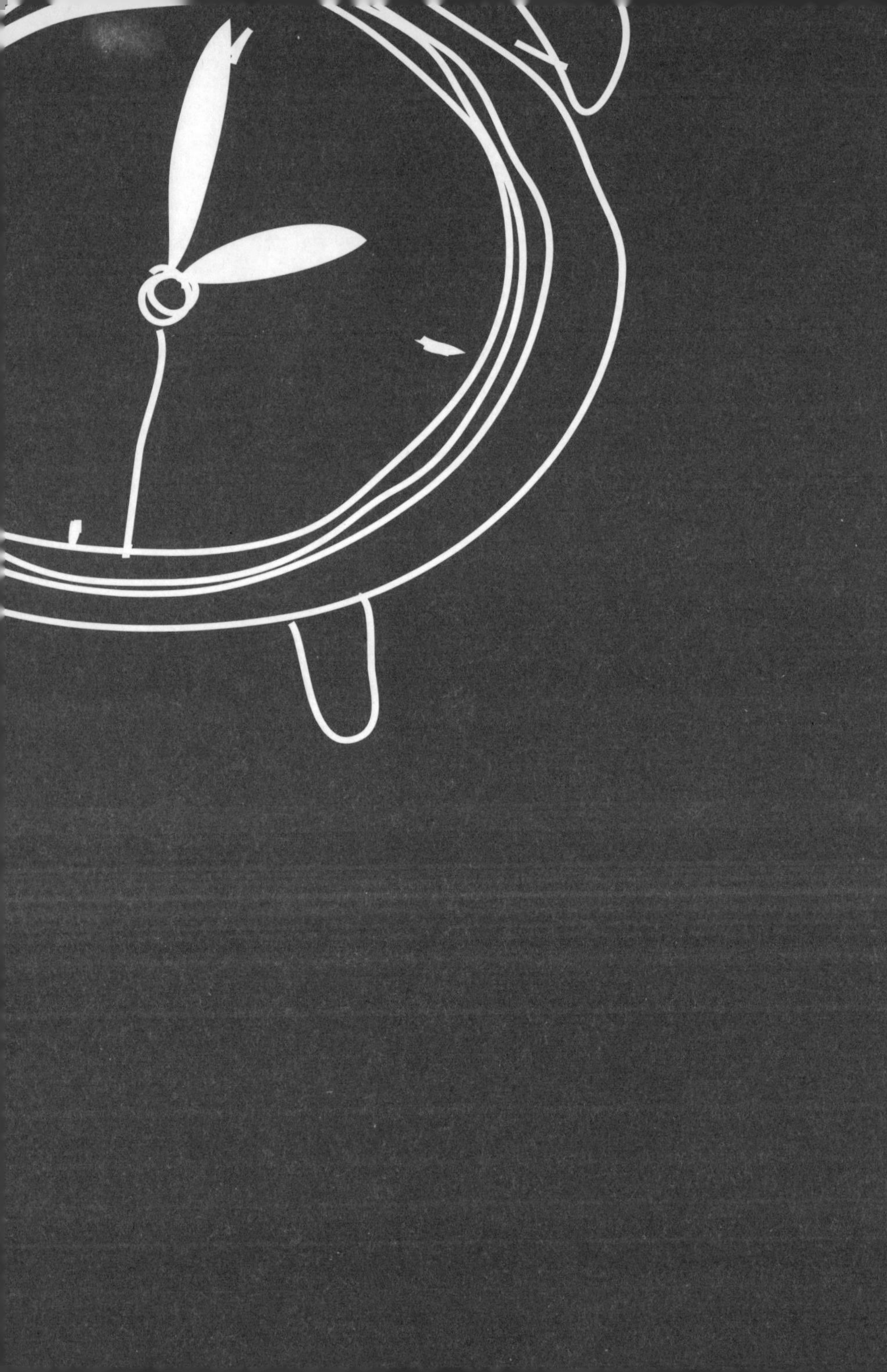

오늘부터 시작하는

하루 30분

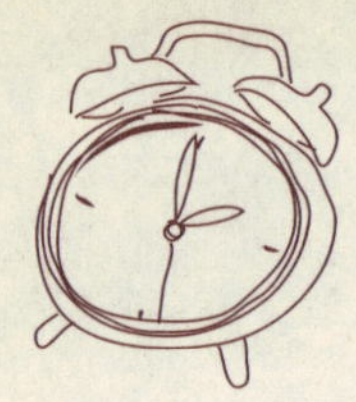

클린턴 전 미국 대통령의 어머니는 '사랑한다'와 '네 능력을 믿는다'라는
두 마디의 말로 아들을 길렀다고 합니다. 클린턴이 훌륭하게 자라나 대통령이 된 것은
어머니가 심어준 사랑과 자신감 덕분이었습니다.
부모의 말은 자녀에게 모든 순간 가장 큰 힘이 되어줍니다.
'사랑한다', '믿는다' 이 두 마디 말을 오늘 자녀에게 전해봅시다.

01

훌륭한 인성을 길러준
하루 30분

긍정적인 마인드를 심어주는 아빠의 전략

어느 일요일 아침, 막 말을 배우기 시작한 세 살 난 큰 딸이 나를 깨우기 시작한다.

"아빠, 놀이터 가자. 그네 태워줘."

전날 늦게까지 마신 술도 덜 깨고, 몸도 피곤해서 정말 일어나기가 싫었다.

"아빠 피곤하니까 더 주무시게 깨우면 안 되지."

아내가 나를 생각해서 큰 딸을 타이른다. 나는 10분 정도 몸을 뒤척거리면서 생각했다.

'나하고 얼마나 놀고 싶었으면…….'

그러고는 나는 자리에서 일어나 딸에게 놀이터에 가자고 말했다. 엄마 말에 실망했던 큰 딸은 금세 얼굴에 화색이 돌기 시작하더니 얼른 문 밖으로 뛰어나간다.

사실 많은 아빠들이 몸이 피곤하다고, 이런저런 핑계를 대면서 자녀들을 외면하곤 한다. 하지만 자녀의 마음을 외면하는 일이 빈번해질 경우 자녀는 아빠의 관심과 사랑을 잃게 되어 매사에 소극적인 자세로 세상을 바라보게 될 수도 있다고 한다.

큰 딸은 매사를 긍정적으로 바라보고 적극적으로 행동한다. 중학교 3학년 여름방학 때 스스로 외고를 가겠다고 결심한 후 그 해 겨울 서울 소재 외고에 합격했다. 큰 딸의 이런 성취도는 어렸을 때부터 '아빠의 하루 30분'을 잘 활용한 덕분일 것이다.

아이에게 긍정적인 사고방식을 심어주기 위해서는 말

한마디도 신경을 써야 한다. 아내는 아이들을 키우면서 "안 돼, 하지 마"라고 말한 적이 없다. 그 대신 "이걸 해"라는 말을 사용했다.

아이들이 이것저것 만지면서 입에 물건들을 넣으면 대개 "안 돼, 지지"라고 말하며 그 행동을 못하게 한다. 하지만 아내는 다른 장난감을 주며 "이 장난감으로 놀아요"라고 말했다. 그러자 작은 딸은 순순히 입에 넣었던 물건을 내려놓고 아내가 준 장난감에 흥미를 가졌다.

지금도 작은 딸이 과도하게 TV 시청을 할 경우에 "TV 좀 그만 봐"라는 말 대신 간단하게 "책 읽는 게 더 재미있겠다"라고 말한다. 그러면 작은 딸은 TV를 끄고 책을 읽는다. 가끔은 뾰로통한 표정을 짓기도 하지만 말이다.

물론 많은 부모들이 공통적으로 자녀에게 "이걸 해"를 쓰는 경우가 있다. 바로 "공부해"다. 하지만 이것은 역효과만 초래할 뿐이다. 아내는 지금까지도 아이들한테 "공부해"라는 말은 거의 하지 않는다. 두 딸은 어렸을 때부터 "책 읽어"라는 말만 들었지 "공부해"라는 말은 듣지 않았다.

지금 두 딸이 긍정적인 사고방식을 갖게 된 것은 이 시기부터 아내가 "안 돼, 하지 마"가 아닌 "이걸 해"라고 말했기 때문일 거라고 생각한다. 그리고 나 역시 아내의 방침을 따라 "안 돼, 하지 마"가 아닌 "이걸 해"라고 말한다. 덕분에 자녀들은 스스로 다른 대안을 찾아보는 적극적인 마인드도 갖게 되었다.

그런데 주의할 점이 있다. "안 돼, 하지 마"의 기준이 부모의 개인적인 견해에 의한 것인지 돌아봐야 한다는 것이다.

작은 딸이 다섯 살, 큰 딸이 일곱 살 되던 해다. 아이들과 TV를 보다가 배드민턴 경기를 보게 되었다. 작은 딸이 배드민턴을 가르쳐달라고 말하자 큰 딸 역시 가르쳐달라고 조르기 시작했다. 하지만 밖에는 비가 내리고 있었다. 아내가 두 딸에게 "밖에 비가 오잖아. 날씨 좋을 때 아빠에게 가르쳐달라고 하고 대신 집에서 블록 쌓기를 하는 건 어떨까?"라고 말했다.

두 딸은 아내의 말에 금세 풀이 죽었다. 배드민턴이 정말 치고 싶은 모양이었다. 나는 불현듯 지하 주차장이 생각났다. 그리곤 풀이 죽은 아이들에게 "좋아, 가르쳐줄게. 나가자."라고 말했다.

나는 아이들과 함께 지하 주차장으로 갔다. 비록 천장은 낮지만 아이들에게 배드민턴을 가르쳐주는 데는 큰 문제가 되지 않았다. 그날 이후 나는 비가 오든지 바람이 불든지 아이들이 원할 때면 지하 주차장에 가서 배드민턴을 쳤다. 덕분에 아이들은 배드민턴을 아주 잘 친다.

배가 고플 때 음식을 먹으면 음식을 맛있게 먹을 수 있다. 무슨 일이든 하고 싶을 때 그 일을 하게 되면 열심히 할 수 있다. 특히 예닐곱 살의 아이들은 하고 싶던 마음도 금방 잊어버리고 싫증도 잘 내기 때문에 무언가를 하고 싶어하는 욕구와 호기심이 일어났을 때 그것을 하게 하는 것이 배움의 효과를 극대화시킨다. 반면 아빠가 이 핑계 저 핑계를 대면서 자녀와 함께 시간을 보내지 않는다면 자녀들은 실망하게 될 뿐만 아니라 소극적인 성격을 갖게 될 수도 있다.

아빠들이여, 생각이 생각에 머무르게 되면 자녀들이 몽

상가가 된다는 것을 명심하자. 그리고 자녀들이 적극적인 삶의 주체가 될 수 있도록 먼저 행동하자. 바람 부는 날이라고 배드민턴을 치지 못한다는 법은 없다. 바람이 분다면 지하 주차장으로 가면 된다. 가능하게 하는 방법을 적극적으로 찾는 아빠의 모습은 자녀에게 좋은 본보기가 될 것이다.

눈보라 치는 날에 놀이동산에 간 까닭

세 살 난 둘째 딸이 무엇이 문제인지 10여 분을 계속 울고 있는데 아내는 전혀 신경을 쓰지 않는다. 답답한 마음에 아내에게 물었다.

"둘째가 울잖아. 왜 애를 울리고 그래?"

"옆집 샛별이가 가진 인형을 보고 그걸 사달라고 떼쓰는 거예요."

"그럼 사주면 되잖아."

"그 인형이 얼만지 알아요? 4만원이나 한다고요."

4만원이면 비싼 인형이다. 사실 애들 장난감뿐만 아니라 옷값도 심하다 싶을 정도로 비싸다. 당시 막 대리로 승진한 내 생활수준에서 보면 세 살 난 딸아이의 인형 값으로 4만원을 지출한다는 것은 부담스러운 일이었다. 그래서 나 역시 사주라고 선뜻 말을 하지 못한다.

"그냥 울게 놔둬요. 그러다 지치면 그치겠죠. 여유가 있더라도 나는 4만원이나 하는 인형을 사줄 생각은 없으니까요."

아내의 이러한 확고한 생각 때문인지는 몰라도 이후 딸들은 원하는 것을 얻기 위해 울며 떼쓰는 등의 무리한 행동을 하지 않았다.

대신 나는 딸들과 협상을 하기로 했다. 딸들이 글을 읽기 시작할 때부터 1주일에 책 열권을 읽고 엄마와 아빠에게 줄거리를 이야기해주기 또는 독후감 쓰기를 하면 그 댓가로 1년에 단 한 번 딸들이 원하는 물건을 사주기로 한 것이다.

이후부터 두 딸은 책을 참 많이 읽었다. 그리고 1년에 한 번씩 조금은 값비싼 물건들을 챙기기 시작했다.

자녀들이 값비싼 물건을 얻기 위해 울면서 떼를 쓸 경우 '에이, 얼마 한다고 그런 거 하나 못 사줘' 하면서 마구 사주는 일은 하지 말자. 그러면 자녀들은 성장하는 과정에서 자신의 의무는 전혀 수행하지 않으면서 부모에게 끝없이 무언가를 요구하는 뻔뻔스러움(?)을 과감히 보여주게 될지도 모른다. 그리고 아빠를 단지 자신들이 필요한 물건을 사주는 봉(?)으로만 여기게 될 것이다.

"아빠 제 핸드폰이 3년 되었어요. 언제 바꿔주실 거예요?"

얼마 전 작은 딸이 초등학교 6학년 때 사주었던 핸드폰을 바꿔달라고 했다. 나는 이번에도 딸과 협상을 했다.

"좋아, 바꿔줄게. 대신 PC는 하루 30분씩만 하기로 하자."

물론 작은 딸은 나와의 약속을 지켜나갔다.

많은 부모들이 자녀와 싸우는 이유 중 하나가 PC, 게임,

TV다. 어느 TV 광고는 게임을 더 하겠다는 아이에게, TV를 더 보겠다는 아이에게 부모가 어떻게 해야 하는지 시청자들의 의견을 받아 현명한 부모의 모습을 알려주고 있기도 하다. 그 TV광고에는 TV를 더 보고 싶어하는 아이의 마음을 이해해주며 조금 더 볼 것을 허락해 주는 부모의 모습과 "게임 속 친구들도 쉬어야지"라며 달래는 부모의 모습 등이 있었다.

나는 이 경우에도 협상을 했다. 작은 딸이 초등학교 3학년 때다. 또래의 아이들처럼 작은 딸도 컴퓨터에 푹 빠져 있었다.

"엄마, PC 1시간만 하면 안 돼요?"

"평일 날은 하면 안 돼."

당시 아내와 작은 딸이 항상 나누던 대화다.

한번 빠져들면 헤어나지 못하게 하는 블랙홀의 성질을 갖고 있는 자녀들의 막강한 유혹자, PC. 무조건 하지 말라고 할 수도 없고, 그렇다고 하루 종일 감시할 수도 없는 노릇이다. 우리 부부가 선택한 방법은 그동안 나름대로 두 딸과 구축해 온 신뢰를 바탕으로 대화를 통해 협정을 맺은 것이었다.

딸과 초등학교 3학년 때 맺은 PC 사용 협정 중 일부는 이렇다. 성적이 오르면 30분추가, 책 한 권 읽으면 30분추가, 독후감 잘 쓰면 20분추가 등이었다. 그리고 학년이 올라갈수록 협정 내용을 조금씩 수정했다. 평균 몇 점 이상 받기 등으로.

자녀들과 협정을 맺을 때는 상호 신뢰감을 바탕으로 신사적 협정을 맺고 이행하는 것이 중요하다(내 경험으로는 초등학교 3학년을 넘기지 않는 것이 좋다. 자녀들이 고학년이 될수록 PC 사용 협정을 맺기는 점점 더 어려워진다).

물론 매번 협상만이 최선책은 아니다. 아이들이 무언가를 요구할 때 때론 협상보다 더 좋은 방법이 있기도 하다. 아이들이 억지투정을 부렸다는 것을 스스로 느끼게 하는 것이다.

큰 딸이 여섯 살이던 해, 밖에는 사정없이 눈보라가 휘날리는 추운 겨울이었다. 큰 딸이 갑자기 어린이대공원에 가자고 떼를 쓰기 시작했다. 참 난감했다.

"이 추운데 가기는 어딜 가. 날씨 풀리면 가자."

그렇게 달랬지만 큰 딸은 계속 고집을 피웠고, 나는 잠깐 생각을 했다.

'좋아. 네가 추운 게 어떤 건지 잘 모르는 모양인데 추위의 매서운 맛을 한 번 보는 것도 괜찮겠지.' 그러고는 나는 둘만 가는 것으로 하고(아내와 작은 딸까지 고생을 시킬 순 없었다), 딸을 데리고 어린이대공원에 갔다. 한겨울 눈보라 치는 일요일 오후 2시, 대부분의 놀이기구가 작동을 멈춘 가운데 유일하게 회전목마만 돌아가고 있었다. 그래서 생각해 볼 여지도 없이 딸과 함께 회전목마를 탔다.

회전목마를 타는 큰 딸은 날카로운 찬바람에 몸을 떨며 조금씩 얼굴을 찌푸리기 시작했다.

"어때, 좋아? 아빠하고 회전목마를 타니까?"

큰 딸은 아무 말이 없었다. 이미 놀이동산에 온 것을 후회하기 시작한 것이다. 그러나 큰 딸은 자신이 오자고 해서 왔기 때문에 아무 말도 하지 못한 채 회전목마를 타고 있었다. 30분쯤 지났을까? 큰 딸이 집에 가자고 했다. 오는 차 안에서 큰 딸은 아무 말도 하지 않았지만 뭔가 깨달은 것 같았다. 추위는 놀이동산에도 찾아온다는 것을.

어린 자녀들이 무리한 요구를 할 때 무조건 안 된다고 하거나 무조건 협상을 하려고 들지 말고 가끔은 그 요구를 들어주자. 그러면 아이들은 배우게 될 것이다. 무모한 행동을 했을 때 많은 후회와 피해가 자신에게 찾아온다는 사실을 말이다.

자신의 일을 스스로 해결하다

15개월 된 작은 딸이 비틀비틀 걷는 연습을 한다. 이리 꽈당, 저리 꽈당. 넘어진 작은 딸이 안쓰러워 내가 일으켜 세우려고 하자 아내가 한마디 한다.

"놔둬요, 스스로 일어나게."

"어떻게 혼자 일어나? 도와줘야지."

"큰 애도 자기 혼자 일어났는데 왜 혼자 못 일어나요?

자꾸 도와주면 버릇이 되니까 그냥 놔둬요.”

아내는 남에게 의존하려는 마음이 전혀 없는, 그야말로 의지가 강한 성격을 지니고 있다. 이런 아내의 성격을 아는 나는 안쓰럽지만 그냥 놔둘 수밖에 없었다.

그런데 신기하게도 넘어져서 찡찡거리며 울던 작은 딸이 벽을 잡고 다시 일어나서 걷기 시작하는 것이 아닌가!

강한 엄마를 둔 덕에 작은 딸은 스스로 걸음마를 깨쳤다. 걸음마를 시작으로 작은 딸은 초등학교 때부터 엄마의 도움 없이 스스로 자신의 일을 알아서 하기 시작했다. 초등학교 1학년 때는 집에서 버스로 20여 분 거리에 있는 영어학원에 혼자 다니기까지 했다.

“엄마, 몇 번 버스 타고 어디서 내려야 해요?”

“201번이나 270번을 타고 위생병원 앞에서 내리면 돼. 내리기 전에 아저씨한테 꼭 물어보고.”

물론 부모 입장에서 불안한 마음도 있었지만 그렇다고 통학버스를 운영하는 비싼 학원을 보낼 수도 없었다. 당시 딸이 다녔던 영어학원은 체계적으로 잘 가르친다는 평판이 있었지만 학원비가 저렴한 대신 통학버스가 없었다. 날마다 학원에 데려다 줄 수도 없었기 때문에 혼자 보내게 된 것이었다. 이 시기부터 아이는 자신이 할 수 있는 일, 예를 들면 학교 숙제, 방학 숙제, 학원 숙제 등을 스스로 하기 시작했다.

우리 부부는 아이들의 숙제에 대해서 거의 관여한 기억이 없다. 가장 경제적인 방법으로 그리고 가장 효율적인 방법으로 자녀들을 우등생으로 만들고 싶다면 최소한 자녀가 초등학교 입학하기 전까지 반드시 자립심을 키워야 한다고 생각한다.

"아빠, 엄마, 집 걱정하지 마시고 모임 잘 다녀오세요. 제 할 일은 다해 놓을게요."

당시 초등학교 2학년이었던 딸이 자신 있게 했던 말이다. 지금도 딸들은 자신이 해야 하는 문제들은 거의 100% 스스로 혼자 해결한다.

자녀들이 걸음마를 배울 때 넘어져 바동거리며 우는 모습이 조금은 안쓰럽다는 생각이 들더라도 도와주지 말자.

조금 지나면 넘어져 울고 있던 자녀가 벽을 잡고 일어나 걷는 놀라운 광경을 보게 될 테니 말이다. 걸음마는 스스로의 의지로 걷겠다는 뜻이다. 다시 말해 홀로서기를 하겠다는 뜻이다. 그때 부모가 도와주면 홀로서는 의지를 배울 수 없으니 도움을 주지 말아야 한다.

자녀들에게 우선적으로 심어줘야 하는 것은 어떠한 문제에 대해 스스로 해결하는 독립심이다. 부모의 역할은 단지 친구로서 자녀들이 인생을 개척하는 과정에서 힘들어 할 때 아낌없는 격려와 위로를 주는 것이다.

친구따라 강남 보내지 말기!

"정주가 1년 동안 영어를 배우러 미국에 간대요."

당시 초등학교 6학년인 작은 딸이 사촌 동생이 영어 연수를 간다고 나에게 말을 건넸다.

"너도 가고 싶니?"

물론 딸이 영어 연수를 간다고 해도 나는 보낼 수가 없는 형편이었다. 경제적인 여유가 없었기 때문이다. 하지만 나는 해외연수를 가는 친척을 부러워하는 딸을 위해 무언가를 해야 할 것 같았다. 나는 문구점에서 지구본을 사들고 왔다.

"아빠가 둘째 딸한테 유학을 보내주지. 작은 딸, 이리 와 봐. 우선 미국으로 가볼까? 여기 있네. 영국은 어때?"

처음에는 시큰둥하던 작은 딸이 나의 이런 모습이 재미있었는지 반응하기 시작했다.

"아빠, 나는 프랑스에 가고 싶어."

작은 딸은 지구본에서 프랑스를 찾는다. 작은 딸이 서운할 수도 있겠지만 나는 이렇게 작은 딸을 유학 보냈다.

"사실 아빠는 말이야, 경제적으로도 여유가 없지만 여유가 있어도 지금 유학을 보내고 싶지는 않아. 물론 핑계일 수는 있지만 말이야. 네가 여기서도 열심히 공부하면 영어를 잘할 수 있게 되고 또 열심히 공부해서 좋은 대학교에 들어가면 교환학생으로도 갈 수 있거든. 그래서 말인데 스스로의 힘으로 유학을 갔으면 해."

그 후 작은 딸은 평균 99점의 성적표와 교육청 주최 영재 교육원에 1등으로 입학한 성과로 인해 학교장 추천으로 교육청이 주최하는 일본 유학(?)을 1주일 동안 무료로 갔다 왔다.

아이가 주변 친구들의 다른 상황을 부러워할 때, '남들처럼 해주지 않으면 혹시 마음에 상처가 되는 것은 아닐까? 친구들 사이에서 따돌림을 받게 되는 것은 아닐까' 하는 잘못된(?) 우려 때문에 무조건 남들처럼 해주거나, 남들처럼 해주지 못하는 부모의 부족함을 들킬까 "왜 그런 것을 부러워하냐"고 윽박을 질렀다면 우리 아이가 지금과 같은 성취감을 맛볼 수 있었을까?

나는 아이가 영어 연수 가는 친구를 부러워할 때 빚을 내고서라도 보내지 않은 것을 참 잘했다고 생각한다. 그리고 아빠들에게 말해주고 싶다. 자녀가 친구들이 영어 연수 가는 것을 부러워하면 아빠와 엄마가 있는 한국이 가장 좋은 배움터라는 것을 알려주라고 말이다.

아이가 친구 운운하며 우리 집에 없는 것을 얘기한 것이 또 하나 있었다. 그것은 케이블방송 시청이었다. 작은 딸이 초등학교 5학년 때다. 어느 날 불만 가득 찬 얼굴로 내게 물었다.

"아빠, 왜 케이블방송 시청을 안 해요? 음악방송 봐야 되는데. 친구들은 다 케이블로 음악 방송 봐요."

"수신료가 얼마나 비싼데."

사실 수신료는 생각보다 비싸지 않다.

"엄마가 그렇지 않아도 너희들이 TV 많이 본다고 아빠한테 뭐라고 하는데 케이블방송을 신청하려고 하겠어? 말도 안 되지."

아내의 핑계를 댔지만 사실 나는 케이블방송을 시청하는 것은 초등학생에게 썩 좋은 선택이 아니라고 생각했다. 대신 우리 아이만 케이블방송을 보지 못해 친구들과의 대화에서 소외되는 것은 아닐까 염려되어 인터넷에서 더 많은 정보와 뮤직비디오 동영상 등을 찾아 보여주었다.

다행히 두 딸은 케이블방송을 시청하지 못하는 것에 대해 큰 문제를 삼지 않았고, TV라는 친구 대신 팡팡 남아도는 시간이라는 친구를 얻게 되었다. 그리고 그 시간 동안 엄마가 권하는 독서, 일기 쓰기, 만화보기 그리고 노래 부르기 등의 다양한 일을 하며 유용하게 보냈다. 나쁜 친구 한 명을 잃고 좋은 친구 여러 명을 얻게 된 것이다. 지금까지도 두 딸이 TV를 썩 좋아하지 않는 것을 보면 꽤 괜찮은 선택을 한 것 같다.

발표왕을 만든 가족발표회

"오늘은 무엇하고 놀까?"

"아빠, 오늘은 소꿉장난을 해요."

다섯 살 작은 딸의 말에 일곱 살 큰 딸이 다른 제안을
한다.

"아니야, 나가서 잠자리를 잡아요."

"한꺼번에 두 가지를 할 수는 없으니까, 우선 잠자리를 잡고 나서 소꿉장난을 하자."

나는 먼저 두 딸과 잠자리를 잡은 후 소꿉장난 놀이에서 생선 사는 손님 역할을 했다.

나는 무엇을 하고 놀지 아이들에게 결정하게 했다. 그리고 아이들이 결정한 놀이를 아주 열심히 즐겼다. 자녀들과 시간을 보낼 때 자녀들이 스스로 놀이 종목을 정하도록 하는 것은 중요하다고 한다. 대부분은 부모들이 놀이 종목을 정하고 아이들이 따라간다. 혹 아이가 정하더라도 부모에게 귀찮거나 힘든 놀이라면 다른 것을 하도록 유도하기 십상이다. 하지만 이럴 경우 아이들은 수동적이 되는 것은 물론, 자신의 의견에 자신감이 없어진다고 한다.

자녀가 매사에 자신 있고 당당한 모습으로 자라길 원한다면 일요일만이라도 가장으로서의 권위를 버리고 아이들에게 하루를 맡겨보자. 스스로 결정을 하고 그것을 부모가 재미있게 따라주는 모습을 통해 아이들은 자신의 의견과 생각에 자신감을 갖게 될 것이다.

우리 아이들의 넘치는 자신감의 비결은 또 하나 있다. 그것은 바로 저녁마다 열리는 우리 집의 '하루 일과 발표회'다. 나는 아이들이 다섯 살 되던 해부터 오늘 하루를 어떻게 보냈는지, 어떠한 일들이 있었는지 큰소리로 발표를 하도록 했다. 소위 엄마 아빠라는 청중을 앞에 두고 열리는 작은 발표회인 셈이다. 퇴근 후 항상 아이들과 대화를 나눠 오던 터라 아이들이 자신의 일과를 얘기하는 것은 습관처럼 자연스러운 일이었지만, 처음 발표회가 열리던 날 아이들은 조금 의아해하며 쑥스러워했다.

"왜 이렇게 서서 큰 소리로 얘기해야 하는 거야? 그냥 전처럼 편하게 얘기하면 안 돼?"

늘 나누던 대화의 내용이었는데도 서서 평소보다 조금 은 큰 소리로 얘기하던 딸아이가 어색했는지 하던 말을 멈 추고 내게 약간의 불만을 토로했다.

하지만 몇 번이 반복되자 아이들은 오히려 그 시간을 즐 겼고, 마치 자신들이 멋진 연설가가 된 듯 때론 과장된 몸짓 을 섞어가며 얘기를 하기 시작했다.

“이제부터 발표하겠습니다. 오늘의 이야기는 훌륭한 일을 한 착한 어린이에 대한 것입니다. 그 어린이는 길에 떨어진 휴지를 주웠고, 횡단보도를 엄마와 건넜을 때에는 손을 들었습니다.”

이렇게 익숙해진 발표회 덕분에 우리 아이들은 어디서든 당당하게 자신의 생각을 얘기할 수 있게 되었다.

“수업 시간에 발표를 참 잘해요.”

큰 아이가 초등학교에 입학한 후 담임선생님에게 들은 첫 칭찬 역시 적극성에 대한 것이었다. 수업 시간 중 발표력이 다른 아이들에 비해 유난히 뛰어나다는 것이다. 스스로 발표를 하고, 그에 대해 선생님에게 칭찬을 받으니 수업 시간에 더욱 흥미를 갖고 임하는 것은 말할 필요도 없을 터. 아이가 공교육으로 우등생이 될 수 있었던 것 역시 초등학교 1학년 때부터 수업 시간에 적극적으로 참여한 습관 덕분일 것이다.

하루는 초등학교 1학년 때, 영어학원에 다니던 큰 딸이 내게 학원에서 영어 발표회가 있으니 꼭 참석하라고 신신당

부를 했다. 시간에 맞춰 학원에 갔더니 많은 사람들이 와 있었다. 나는 큰 딸이 제대로 발표나 할 수 있을지 걱정이 되었다. 하지만 이런 걱정은 금세 사라졌다. 큰 딸은 떨릴 법도 한데 많은 어른들 앞에서 그것도 영어로 제법 멋지게 발표를 했다. 그리고 영예의 동상을 받았다.

물론 자녀를 연설가로 키울 필요는 없다. 그러나 자신의 의견을 남에게 전달하는 능력을 키워주는 것은 중요하다. 자녀들이 일기를 쓰는 것처럼 매일 그날 일어났던 일에 대해 발표를 하게 하면 자기 의사를 당당하게 이야기할 수 있을 것이다.

"우리 애들은 부끄러움을 많이 타요."

"우리 애는 성격이 내성적이에요."

정말 그럴까? 부모들은 자신들의 어린 시절을 회상해 볼 필요가 있다. 수업시간에 선생님이 발표를 시킬까봐 선생님 눈도 못 맞추고 애써 외면하던 그때를. 사실 어린 시절 애기만은 아니다. 직장에서도 회의 시간에 혹은 워크숍 때 "다른 의견 있습니까?"라는 질문이 나오기가 무섭게 시선을 떨어뜨리는 사람들이 있으니까.

반 아이 중에 용감하게 그리고 자신 있게 손을 번쩍 들고 자신의 의견을 발표하는 몇몇 안 되었던 친구들을 생각해보자. 분명 그들은 우등생이었다.

오늘 저녁 집에서 작은 발표회를 열어보는 것은 어떨까?

"우리 딸 오늘 뭐했는지 아빠 앞에서 이야기해줄래?"

그 순간 자녀는 우등생이 된다. 발표를 하는 그 순간부터.

공부방 아이들의 영어선생님이 된 큰 딸

"아빠 친구 왔어요."

중학교 2학년인 작은 딸이 밤 10시가 넘었는데 친구를 데려왔다.

"아빠, 제 친구 정아에요. 집에 컴퓨터가 망가졌데요. 그래서 우리 집 컴퓨터로 숙제를 해야 돼요. 한 1시간만 하면 될 거 같아요."

그런데 작은 딸은 자신의 숙제를 뒤로 미루고 열심히 친구의 컴퓨터 숙제를 도와주고 있는 것이 아닌가. 아직 자신의 숙제도 끝내지 못한 것 같은데 걱정도 되고 의아스럽기도 했다. 친구가 집으로 돌아 간 후 딸에게 물었다.

"작은 딸, 12시인데, 네 숙제는 언제 할 거야?"

"저는 금방해요. 사실 정아가 컴퓨터를 잘 모르기 때문에 도와주지 않으면 이번 컴퓨터 수행평가에서 나쁜 점수를 받게 될 거 같아 도와줬어요. 제 숙제는 금방 할 수 있으니까 괜찮아요."

그 후 작은 딸은 10점 만점의 컴퓨터 수행평가를 받았고, 친구 역시 만점을 받았다며 마치 자신의 일인 것처럼 기뻐했다.

이후에도 작은 딸은 컴퓨터에 능숙하지 않은 친구들을 종종 집으로 초대해 이것저것 알려주었고, 친구가 덕분에 좋은 성적을 받는 것에 대해 약간의 자긍심을 느끼는 것 같았다. 나는 이런 딸의 모습을 보면서 참 대견했다. 요즘 중학교조차도 우리 때와는 달리 지독한(?) 경쟁 구조가 유지

되고 있다. 그러다보니 좋은 정보는 혼자만 아는 것은 물론, 친구를 도와주는 경우는 찾아보기 힘들다고 한다. 뿐만 아니라 각자의 방에서 혼자 생활하는 데 익숙해진 아이들이라서 친구들 간에도 소통하기보다는 무관심해지는 현상이 늘고 있다. 그런 면에서 볼 때 우리 딸들은 따뜻한 심성을 가졌음은 물론 다른 이에게 관심을 많이 기울이는 편이다.

최근에 방학을 한 큰 딸이 자신의 겨울방학 계획 중 하나를 내게 말해준다.

"아빠, 저 이번 겨울 방학에는 두 달 동안 마을공부방에서 영어를 가르치는 대학생 선생님을 도와드리기로 했어요."

"영어를 어떻게 돕는 건데?"

"공부방 갔다 온 후 나중에 저녁에 말씀드릴게요."

큰 딸이 경제적으로 풍족하지 않는 초등학교 자녀들을 대상으로 공부를 가르치는 공부방에서 봉사활동을 하기로 스스로 결정했다는 사실에 조금 놀랐다.

4시간이 지난 후 큰 딸이 약간 상기된 모습으로 집에 돌아 왔다.

"아이들이 너무 좋아해요. 제가 r발음을 좀 심하게 굴렸는데도 발음이 좋다고 하면서 저를 따랐어요."

그러면서 아이들이 고등학교 1학년인 자신에게 선생님이라고 말했다는 둥, 아이들 가르친 후 공부방 선생님들이 어른 식판에 떡국을 가득 주었다는 둥 있었던 일들을 20여 분 동안 장황스럽게 얘기해주었다. 큰 딸의 표정은 정말 밝아 보였다. 처음으로 공식적인 자리에서 남을 가르쳤으니 얼마나 보람이 크겠는가.

가족이 아닌 다른 사람을 진심으로 돕는다는 것, 말은 참 쉽지만 행동으로 옮긴다는 것은 사실 어렵다. 나는 비록 작은 봉사지만 큰 딸이 스스로 다른 사람을 위해 무언가를 할 수 있다는 이러한 느낌을 잊지 않고 세상을 살아갔으면 하는 바람이다.

이것 역시 하루 30분의 힘일 것이다. 언제나 대화를 통해 아이의 고민을 성심껏 들어주는 아빠의 모습은 자연스레 딸들에게도 다른 이의 고민 상담소 같은 역할을 할 수 있도

록 하는 자양분이 되어 준 것이다. 부모 특히 아빠와의 대화
는 자녀에게 올바른 가치관을 길러주는 것은 물론 따뜻한
마음까지 갖게 해준다는 것은 두말할 나위가 없다(다시 한번
강조하지만, 대화만으로도 이렇게 소중한 결과를 얻을 수 있다).
그리고 나는 늘 내가 생각했던 것보다 더 멋진 인격체로 자
라고 있는 딸들에게 진심으로 고마운 마음을 갖는다.

한번은 작은 딸 책상 앞에 붙어 있는 노란 쪽지를 발견
했다.

"TO. 전교 일등 내 친구에게
안뇽? 나 현희야 ㅋㅋ
내가 고민 상담도 많이 하구...
너의 일처럼 잘 들어줘서 고마워 ㅋㅋ
난 지금 너무 행복해 ㅋㅋ
너 같은 친구도 만나고 ㅋㅋ
우리 다른 반이 되더라도 잘 지내자 ㅋㅋ"

친구들의 고민 상담소가 되어주고 있는 작은 딸에게 나

역시 한 장의 쪽지를 남겼다.

"TO. 세계 최고 멋진 내 딸에게

안뇽? ㅋㅋ

난 지금 너무 행복해 ㅋㅋ

네가 나의 딸이라서 ㅋㅋ"

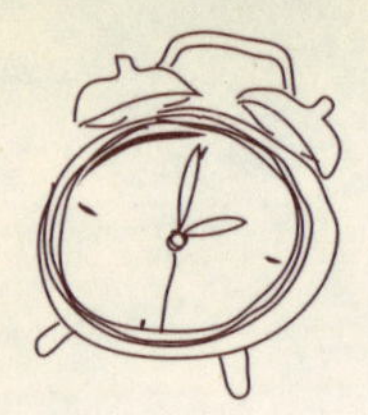

위인들의 아버지

20세기 지식인 중 가장 다양한 분야에서 영향력을 발휘한 러셀의 뒤에도
가장 훌륭한 대통령이라고 평가 받는 케네디의 뒤에도
더없이 훌륭한 아버지가 있었습니다.
하지만 그들의 자녀교육은 사실 특별한 것은 없습니다.
우리도 이미 알고 있지만 실천하지 못하고 있는 것들입니다.

02

무한 창의력
프로젝트의 핵심

낙서놀이로 시작하자

"아빠, 예술작품 같지 않아요?"

얼마 전 작은 딸이 거실 베란다 유리창에 나름대로 멋진 예술작품을 그렸다. 사실 별 내용은 아니었지만 작은 딸이 예술작품이라고 스스로 말하니까 나 역시 엄청 오버하며 멋지다고 감탄을 했다.

우리 집 유리창은 거대한 낙서장이다. 두 딸의 중간고사

나 기말고사 때에는 시험 계획표가 그려지는 등 그 용도도 다양하다. 우리 집 곳곳에는 이런 낙서들이 있다. 어느 벽 한쪽에는 키가 얼마나 자랐는지를 한눈에 볼 수 있는 작은 딸의 키 변화표가 그려져 있고, 또 다른 벽에는 동방신기 다섯 명의 이름과 나의 인생좌우명이 제법 근사한 캘리그라피처럼 쓰여 있다.

이 습관은 두 딸이 두 살 때부터 벽에 낙서를 하기 시작하면서 생긴 것이다. 아내는 벽에 자신의 예술작품을 그려대는 두 딸을 혼내거나 낙서하지 말라고 야단친 적이 없다. 그냥 딸들이 하는 대로 놔뒀다. 물론 지금도 변함이 없다.

사실 깨끗한 집이 보기에는 좋다. 그런데 서너 살의 자녀들을 둔 집이 너무 깨끗하면 내 개인적인 생각일지는 몰라도 뭔가 허전한 느낌이 든다. 벽에 적당한 낙서가 있고 깨끗하게 정리는 했지만 어딘가 정리가 덜 된 그런 집, 이것이 내가 생각하는 세 살 미만의 자녀를 둔 집안의 풍경이다. 사실 벽에 그려진 자녀의 창조적인 낙서는 자녀의 예술품의 흔적일 뿐 절대로 집을 더럽히는 것이 아니다.

최근 창의력이 자녀 교육에 있어 가장 중요한 키워드로 여겨지고 있다. 사실 우리 때 교육은 대부분 주입식이었기 때문에 이해력만 있으면 되었다. 하지만 21세기를 살아가는 우리 아이들에게 반드시 필요한 것은 창의력이다. 창의력은 그야말로 어릴 때부터 그 기반을 마련해 주어야 한다. 자신의 생각과 상상을 표현할 수 있는 낙서는 가장 좋은 도구일 것이다. 그러니 아이들이 마음껏 낙서를 할 수 있는 환경을 만들어 주는 것은 매우 중요한 일이다.

아이들의 낙서를 보고 있으면 참 재미있다. 그리고 "어떻게 이렇게 생각할 수 있을까, 어떻게 이렇게 표현할 수 있을까?" 하는 감탄이 절로 나온다. 특히 아이들이 내가 들려준 이야기를 그려낼 때 더욱 감탄을 하게 된다. 내가 들려준 이야기에 상상의 나래를 펴서 창조의 세계로 날아간 것을 보기 때문이다. 나는 책도 많이 읽어주었지만 아이들이 잠자기 전에 이야기를 참 많이 해주었다.

"아빠가 군대 있을 때 일이야. 어느 날 잠을 자고 있었는데 까마귀 한 마리가 날아와서 아빠 발을 쪼는 거야. 그래서 아빠 발에 구멍이 났어. 그때 아빠 엉덩이 살을 떼어서 구멍을 메웠지."

사실 내 발의 상처는 군대 시절 혹한기 훈련 때문에 동상에 걸린 상처였다. 하지만 이렇게 아이들이 상상할 수 있게 과거의 경험을 바꿔 얘기를 해준 것이다.

아이들은 책을 읽어줄 때보다 나의 엉뚱한(?) 이야기를 더 좋아했다(사실 아이들 동화책에는 내용의 그림들이 같이 있어 상상의 여지가 적다). 소재가 고갈되면 책도 읽고 상식도 넓혀가면서 이야깃거리를 만들어냈다. 동화책을 새롭게 각색하기도 했다.

아이들의 상상력을 위해 이야기뿐만 아니라 놀이도 만들어냈다. 나는 두 딸이 초등학교에 들어갈 때까지 장난감을 사준 적이 없다. 두 딸은 자신보다 서너 살 위인 사촌 언니들의 옷과 장난감으로 유년기를 나름대로 풍요롭게 보냈다. 그래서인지 이 시기에 두 딸은 장난감을 사달라고 보채지 않았다. 사촌언니에게 받은 장난감에 싫증을 낼 경우에는 나와 함께 하루 30분씩 말 잇기 게임, 공기놀이, 얼음땡

놀이, 나뭇잎 떼어내기 놀이 등을 했다. 뿐만 아니라 동물이 나오는 동화책을 각자 선택해 돌아가면서 무작위로 책을 펼친 뒤 그 내용 대로 흉내 내기, 헌옷을 사용하여 가장 길게 자르기 등 나는 아이들을 위해 다양한 놀이를 끊임없이 생각해냈다.

사실 장난감은 스스로 생각하거나 움직이지 않기 때문에 아이들이 금방 싫증을 느끼게 된다. 움직이는 장난감 역시 일정한 패턴에 따라 움직이기 때문에 아이들이 금세 흥미를 잃게 된다. 내 생각에 자녀들이 가장 창의적이고 활동적으로 성장하기 위한 장난감은 아빠와의 놀이가 아닌가 싶다.

아빠들이여, 자녀들이 창의적이고 매사에 적극적인 우등생으로 성장하기를 바란다면 하루 30분씩 아이들의 장난감이 되어주자. 아이의 장난감이 되면 몇 달 만에 싫증나는 값비싼 장난감을 계속 사줄 필요도 없는 것은 물론, 자녀들이 상상력이 풍부한 아이로 자라게 될 것이다.

뿐만 아니라 자녀에게 무한히 펼쳐진 상상 세계를 보여

주기 위해 끊임없이 노력해야 한다. 생각할 수 있는 모든 상
상력을 총동원해서 말이다. 창조력과 상상력이 필요한 논술
훈련은 마음껏 즐기는 낙서와 아빠와의 새로운 놀이에서 비
롯된다고 해도 과언이 아닐 것이다.

상상력을 키우는 감성 여행

"이것은 사과야."

내가 세 살 난 첫째 딸에게 책에 있는 그림을 보여주며

단어를 가르친다.

"사과."

큰 딸이 따라한다.

"이것은 바람이야."

"바람. 바람이 뭐야?"

이럴 때는 정말 난감하다. 보여줄 수 없는 단어를 어떻게 이해를 시킬까 고민하던 중에 아내가 작은 딸을 산책시킨다며 유모차에 태워 나갔다.

'아, 그래 이거다.'

나는 한껏 의기양양해져 큰 딸에게 말했다.

"아빠가 바람이란 단어를 알려줄게."

나는 큰 딸을 데리고 밖으로 나갔다. 밖은 9월 중순에 접어들면서 저녁에는 제법 바람이 불고 있었다.

"지금 휭 하고 몸을 스치고 지나간 거 있지? 그리고 나뭇가지가 흔들리고 있지?"

"응."

"이것이 바람이라는 거야. 이제 바람이라는 단어를 알겠지?"

"음, 그럼 모자 벗기는 것, 그거 바람이야?"

"정말 똑똑한데. 그래 그게 바람이야."

아이는 자신이 깨닫게 된 바람의 존재가 신기한 건지,

바람을 더 깊이 느끼고 싶은 건지 한참 동안 바람을 마주하고 있었다. 마치 "안녕, 바람아. 방금 너의 이름을 알게 되었어. 난 다예야."라며 바람과 대화를 나누는 것 같았다.

이것이 딸아이가 처음 경험한 감성 여행이 아니었나 싶다. 비록 집 앞이었지만, 바람을 알게 된 그 집 앞은 평소와 다른 느낌으로 다가갔을 것이다.

이렇게 아이들은 자연의 단어를 하나하나 마치 여행을 떠나며 새로운 친구를 만나듯 배워나갔다. 물론 언제라도 그 단어를 만나게 해주기 위해 아이와 여행을 떠나는 부모가 되었음은 두말할 필요도 없다.

사실 나는 아무 계획 없이 느닷없이 떠나는 여행을 좋아한다. 아내는 계획성이 없다며 늘 불평을 하지만 말이다. 큰 딸이 초등학교 1학년 때다. 회사에 휴가를 내고 역시나 아무 계획 없이 여행을 떠나려는데 뒷좌석에 앉아 있던 큰 딸이 바닷가를 가고 싶다고 해서 무작정 강원도로 향했다. 가는 도중 비가 엄청 내렸다. 아내는 비가 오는데 무슨 바닷가를 가느냐고 투덜거렸지만 큰 딸의 바람을 들어주고자 바닷가를 향해 계속 달렸다. 가는 도중에 어느 곳은 비가 오고, 또 다른 곳은 비가 오지 않았다.

큰 딸과 작은 딸은 이런 기후 현상이 무척 신기했던 모양이다.

"비가 와요. 아빠."

"이제 안 와요. 아빠."

나 역시 신기하기는 마찬가지였다. 처음에는 투덜거렸던 아내도 아이들이 즐거워하는 모습을 보고는 함께 어울리기 시작했다.

한계령과 진부령 교차점에 있는 인공폭포에서 많은 물이 떨어지는 것을 차창을 통해 두 딸이 보고는 말했다.

"아빠, 차 세워줘요."

어차피 아이들을 위한 여행이니 들어주지 못할 이유가 없다. 인공폭포 밑에서 신나게 놀고 나서 사진기로 추억을 담은 후 동해의 한 해수욕장에 도착했다. 비 그친 후의 철 지난 바닷가의 일몰은 정말 아름다웠다.

최근에 열일곱 살이 된 큰 딸과 이런저런 이야기를 하던 도중에 큰 딸이 10여 년이 흐른 철 지난 바닷가에 대한 추억의 보따리를 끄집어냈다. 그 당시 여섯 살이었지만 비교적 상세하게 기억하는 것을 보면 나름대로 그때 받은 감명이 남달랐던 모양이다.

큰 딸은 초등학교 입학 후부터 지금까지 글을 참 잘 쓴다. 요즘은 학교에서 상장을 많이 주는 추세라고는 하지만 큰 딸은 초등학교 때 학교, 구청, 교육청 등으로부터 100여 장이 넘는 상장을 받았다. 그중에는 글짓기로 탔던 상장이 적지 않다.

큰 딸은 서울 외곽에 있는 중학교(한 학년 정원 100명)를 다녔다. 서울 소재 외고에 응시했을 때 전교 4등이었음에도 불구하고 내신을 4등급을 받게 되어 자연히 내신 점수를 상당 부분 깎인 상태에서 시험을 봤다. 외고를 지원하는 학생들은 우선적으로 영어를 다 잘하는 학생들이기 때문에 큰 딸은 내신 점수에서 손해를 본 상태였다. 그래서 나를 포함한 가족들은 큰 딸이 합격할 수 있을 거라고는 확신하지 않았다. 하지만 합격했다. 큰 딸은 구술 면접을 잘 봐서 합격한 것 같다고 했다.

개인적 의견으로는 구술 면접을 잘 보기 위해서는 상상력, 논리력, 추리력, 상식 등 다양한 분야에 뛰어나야 한다고 생각한다. 그중에서 제일 중요한 부분은 상상력일 것이다. 상상력은 공부해서 습득되어지는 것이 아니기 때문이다.

틀에 박혀 있지 않는 생각이 바로 상상력이고, 그 상상력을 가능케 하는 뿌리는 감성이다. 자녀들과 여행을 많이 떠나자. 아빠와 함께 떠나는 여행은 아이의 감성을 자극하는 좋은 윤활제가 될 것이다.

호기심은 우등생이 되는 첫 단계

자녀들이 말을 배우기 시작할 즈음 세상에 대한 호기심으로 모든 것에 관심을 갖고 끊임없이 질문을 한다. 내 두 딸 역시 호기심으로 가득 차 이것저것 쉼 없이 물었던 기억이 난다.

어느 날 네 살 난 큰 딸이 나에게 물었다.

"아빠, 공룡이 아파트보다 커요?"

나는 공룡에 관한 책을 보여주며 설명해 주었다. 큰 딸이 엄마에게 질문을 한다.

"엄마, 동생은 어떻게 나왔어요?"

"아빠와 엄마가 사랑을 해서 너와 동생이 이 세상에 나왔어."

아내는 아기가 엄마 자궁 안에 있는 그림을 찾아 보여주며 설명을 해주었다. 이후에도 우리 부부는 두 딸의 끊임없는 질문에 대해 최대한 관심을 갖고 최선을 다해 답변해 주었다.

그리고 모르는 것이 있을 때는 대충 얼버무리거나 "나중에 알려줄게"라고 미루지 않고 그 즉시 인터넷을 켜고 검색을 했다.

작은 딸이 초등학교 2학년 때다.

"아빠, 알렉산더 대왕이 어느 나라 사람이에요?"

누워서 TV를 보면서 졸고 있는 나에게 작은 딸이 불쑥 물었다.

"로마 사람인가? 잘 모르겠는데, 잠깐만 기다려. 아빠가 컴퓨터에서 찾아보고 알려줄게."

"나도 같이 찾을게요."

나는 작은 딸과 함께 10여 분 동안 알렉산더 대왕을 검색했다.

"마케도니아 사람이네."

작은 딸은 이후에도 이것저것 물어봤다.

두 딸의 세상에 대한 호기심은 초등학교에 들어가자 공부에 대한 호기심으로 바뀌었고, 나의 친절한 답변은 학습 태도에 영향을 주었다. 모르는 것이 있을 때는 알 때까지 문제를 풀어 답을 얻곤 하는 것이었다. 이런 학습 태도 덕분에 두 딸은 학교에서는 물론 교육청과 각종 기관에서 주최하는 수학, 과학올림피아 등 여러 경시대회에서 상을 적지 않게 받아왔다. 현재 두 딸이 받은 상장은 총 200여 장이다.

딸의 호기심이 바로 성적으로 연결되어 우등생으로 진화하기 시작한 것이고 지금까지 진화하는 중이다. 끝없는 호기심을 갖고 물어보는 자녀들에게 "엄마한테 물어봐" 하는 식의 건성으로 하는 대답은 절대 하지 말자! 훗날 자녀들이 우등생으로 진화하는 데 무진장 애를 먹을 테니까. 이는 호미로 막을 것을 가래로 막는 격이 될 것이다.

"이번에 맨체스터 유나이티드가 우승할 거야."

"아니야. 첼시가 한다니까."

밖에서 이런 영양가 없는 이야기를 하느니 차라리 집에 가서 자녀들과 대화를 나누자.

"오늘 배운 것 중에 궁금한 것 없어? 모르는 것 있으면 아빠가 가르쳐줄게."

물어보나마나 영양가 100%다. 자녀가 시험에서 우등상장을 받을 확률이.

아빠와의 놀이, 그 일석삼조의 효과!

나는 말놀이의 덕을 많이 봤다. 사실 말놀이는 누구나 쉽고 재미있게 할 수 있는 놀이로, TV 오락 프로그램에서도 종종 게임으로 하곤 한다. 어른들이 시간 때우기 쯤으로 하게 되는 이 단순한 놀이에 엄청난 교육효과가 있다는 사실을 알고 있을까?

우리 아이들은 나와의 낱말 잇기 놀이로 표현력을 배웠

고, 말 이어가기 놀이로 기억력을 증진시켰다. 게다가 나는
두 딸과 말놀이를 하는 재미있는 시간까지 얻었으니 일석삼
조의 효과를 본 셈이다.

표현력을 길러준 낱말 잇기

두 딸이 네 살, 여섯 살이었을 때 당시 내가 자주 이용했
던 낱말 이어쓰기는 아이들이 말을 배우는 데 매우 유용했
던 것으로 기억된다. 방법은 간단하다. 커다란 도화지 위에
차례로 단어를 쓰기 시작하면 된다.

예를 들면 '기차 – 차례 – 예절 – 절 아저씨(약간 억지 말
도 통용된다) – 씨앗 – 아싸 노래방 – 방방 떠라 – 라면 끓
는다 – 다 사랑해' 등처럼 말이다.

꼭 정확한 단어를 쓸 필요는 없다. 무조건 이어가는 것
이 중요하다. 자녀들이 생각나는 대로 말을 하면서 글을 쓴
다는 것이 중요하기 때문이다. 물론 일주일에 최소한 한 번
씩은 해야 하는데 시간을 정해서 하면 의미가 없다. 그때그
때마다 아이들의 컨디션이 다르기 때문에 아이들이 하자고

덤벼들 때 부모는 지체 없이 응해줘야 한다. 물론 가끔은 부모가 맛있는 것을 주는 대가로 먼저 이 놀이를 제안하는 것도 아이들이 쉽게 동참할 수 있는 계기가 된다.

큰 딸은 네 살 때, 작은 딸은 다섯 살 때 글자를 그리기 시작했는데 지금은 글을 잘 쓸 뿐 아니라 말도 논리적으로 잘한다. 이제 막 말을 배우고 글자를 그리려고 애쓰는 자녀를 두었다면, 오늘 당장 이 놀이를 해보길 권한다.

도화지가 없다면 더 훌륭하고 멋진 도화지인 집 안의 벽지에 마구 쓰자! 그 글씨들은 미래의 우등생이 될 자녀의 아름다운 흔적이 될 것이다.

기억력을 길러준 말 이어가기

두 딸이 다섯 살, 일곱 살인 시기에는 말 이어가기 게임을 했다. 이것은 기억력 향상에 도움이 되는 교육 방법이다. 그 방법은 다음과 같다.

작은 딸이 먼저 말한다.

"나는 사람이다."

큰 딸이 그 뒤를 이어 말한다.

"나는 사람이다. 그런데 너는 아빠 닮아 못생겼다."

그 다음 내가 이어받는다.

"나는 사람이다. 그런데 너는 아빠 닮아 못생겼다. 그럼 너는 엄마 닮아 그렇게 생겼냐?"

이번에는 아내가 이어받는다.

"나는 사람이다. 그런데 너는 아빠 닮아 못생겼다. 그럼 너는 엄마 닮아 그렇게 생겼냐? 내가 어때서 나만큼 예쁘라고 해봐봐봐."

'봐'를 여러 번 말하는 건 아내가 파놓은 함정이다. 시간이 지날수록 문장이 길어지니까 작은 딸은 중간에 틀리게 말한다. 큰 딸이 동생이 틀렸다고 말한다. 그래도 아빠는 작은 딸 편을 들면서 애써 완성시켜준다. 이런 식으로 주제를 바꿔가면서 하면 된다.

이것 역시 쉬운 놀이다. 이 간단한 놀이가 아이들의 두뇌를 자극하고 기억력 좋은 아이로 만들어 주는 것이다. 기억력을 길러주는 또 하나의 좋은 말놀이 게임이 있다. 거꾸로 말하기가 그것이다. 이것 역시 TV 프로그램에서 하나의 코너로 진행되며 한때 유행되었던 놀이다. 앞사람이 말한 단어를 기억해 내었다가 그것을 거꾸로 말하는 것으로 게임의 속도가 붙으면 어른에게도 조금은 어려울 정도로 많은 두뇌 회전을 요구한다.

오늘 저녁 자녀들과 말 이어가기 게임 혹은 거꾸로 말하기 게임을 해보자. 지금 당장엔 모르겠지만 저녁식사 후 갖는 즐거운 게임 시간이 언젠가는 큰 효과를 발휘할 것이다.

놀이의 법칙

아이들과 놀이를 할 때 몇 가지 지켜야 하는 법칙 중 강조하고 싶은 것이 두 가지 있다. 하나는 놀이에만 집중해야 한다는 것이고, 다른 하나는 요령껏 져줘야 한다는 것이다.

아빠들이 집에서 쉴 때 하는 행동의 대부분은 TV를 보는 것이다. 그리고 대개 집안의 TV는 습관처럼 켜져 있다. 그러다보니 아이들과 거실에서 놀이를 할 때 TV는 켜있고,

아빠들의 한쪽 귀는 아이에게, 다른 한쪽 귀는 TV로 향해 있다. 반쪽만 아이와 놀고 있는 것이다!

나는 TV를 보고 있다가도 아이가 와서 말을 걸면, 당장에 미련 없이 리모컨의 OFF버튼을 누른다.

"아빠. 그런데 있잖아요, 응, 응, 어, 어떻게 비행기가 하늘을 나는 거예요? 비행기는 큰 새라서 그런가요?"

아이들이 말을 배우고 호기심이 왕성할 때는 참 많은 말을 한다. 하지만 대개 말에 두서가 없다. 생각은 나는데 단어를 모르기 때문이다.

어느 날 나는 TV로 사극을 재미있게 보고 있었다. 마침 격투 장면이 나오고 있었다.

작은 딸이 불쑥 묻는다.

"아빠, 왜 사람들은 싸우는 거예요? 사이좋게 지내면 안 되나요?"

나는 보던 TV를 끄고 작은 딸에게 대답했다.

"사람들의 마음속에는 좋은 마음과 나쁜 마음이 살고 있어. 그런데 가끔 사람들은 좋은 마음을 방 안에 가둬놓고 나쁜 마음으로 다른 사람들을 보게 돼. 그때 서로 싸움을 하는 거야."

물론 말이 되지 않는다. 그러나 작은 딸은 눈을 동그랗게 뜨고 열심히 나의 말을 들었다. 그리고 나 역시 아이의 말을 눈을 동그랗게 뜨고 듣는다. 내가 열심히 귀를 기울이면 아이는 더 신이 나서 이야기를 한다. 그리고 이러한 태도는 다른 사람과 대화를 할 때 상대방의 이야기를 경청하는 습관으로 이어져 훗날 학교에서 선생님이 설명에 귀를 기울이게 해준다. 현재 작은 딸은 학교에서 선생님이 이야기하는 내용을 거의 하나도 빠뜨림 없이 경청한다. 그리고 선생님 말씀 중에서 시험 문제를 유추하고 그리고 시험을 본다. 지난 중학교 1학년 때 첫 중간고사 성적은 평균 99.35점(7과목)이었다. 물론 학원은 거의 다니지 않았다.

또 한 가지 법칙은 아이와의 놀이에서 요령껏 져주는 것이다. 그 이유는 놀이를 통해 아이의 승부욕을 자극할 수 있기 때문이다.

큰 딸이 여섯 살이었을 때다. 아내가 공기놀이를 하고 있을 때 곁에 있던 큰 딸이 엄마에게 공기놀이를 가르쳐 달라고 조른다. 대부분 여자들이 공기놀이를 잘하듯 아내 역시 마치 선수처럼 잘한다.

1시간이 지난 후, 큰 아이가 나에게 10년 내기 공기놀이 시합을 하자고 했다. 큰 딸은 나름대로 나보다 공기놀이를 잘한다는 것을 보여주고 싶었던 모양이다. 큰 딸은 이미 나에 대해서 분석을 한 것 같았다. 내 손이 매우 작다는 것을.

자, 이제 요령껏 큰 딸에게 공기놀이 시합에서 져줘야 한다. 그렇다고 무턱대고 져주면 큰 딸 입장에서 볼 때 자존심이 상할 것이다. 여섯 살 아이도 자신을 무시하면 바로 그 사실을 눈치 채고 기분 나빠하니까.

나는 큰 딸의 자존심을 건드리지 않으면서 열심히 그리고 교묘하게 공기놀이에서 져주었다. 그리고 의기양양해하는 큰 딸에게 진 것을 속상해하며 일부러 다시 한 번 시합을 하자고 했다. 물론 이번에도 어김없이 졌다.

두 딸은 나를 상대로 말 잇기 게임, 줄넘기, 50m 달리기 등 무슨 게임을 하든지 연전연승의 기쁨을 맛보았다. 이후부터 두 딸은 학교 성적에서도 연승을 하기 시작했다. 승부욕은 학교생활에서 필수조건임이 틀림없다. 물고기를 잡겠다는 강한 승부욕 없이는 결코 물고기를 잡을 수 없으니 말이다.

아빠들이여, 오늘 하루 곰곰이 생각해보자. 퇴근 후 어디서 한 잔 하면 좋겠다는 고민 말고, 자녀들과 어떤 놀이를 하고, 또 어떻게 하면 잘 져줄 수 있을지 하는 고민을.

독서가 취미인 아이로 키우는 방법

작은 딸이 두 살을 막 지났을 때다. 누가 시키지도 않았는데 책을 거꾸로 들고 중얼중얼 읽기 시작했다. 평소 책을 좋아하는 아내의 모습을 따라한 모양이었다. 그리고 아이의 '엄마 따라 하기'는 자연스레 책을 장난감보다 더 가깝게 여기게 해주었다.

당시 나는 회사에서 치르는 영어시험을 앞두고 있었기

때문에 퇴근 후 2~3시간씩 책상에 앉아 공부를 해야 했는
데, 작은 딸이 의자를 끌어당기며 내 옆에 앉아 책을 읽어달
라고 졸랐다.

"아빠, 나도 책 볼래."

"아빠 옆에 앉아서 책 읽어."

"아빠, 이거 무슨 글자야? 무슨 내용이야?"

사실 내게 영어시험 준비는 매우 중요한 일이었지만, 그
렇다고 작은 딸의 질문에 대답하지 않으면서까지 영어 공부
를 하고 싶지는 않았다. 그래서 나는 아이의 질문에 성심껏
대답해주었다.

"박쥐가 사자와 호랑이한테 따돌림을 당하고 새들한테
도 쫓겨나서 동굴에 살 수밖에 없는 이야기야."

이런 식으로 작은 딸은 낮에는 엄마와 함께 책을 보고
밤에는 나와 책을 보면서 하루를 보내곤 했다. 아이에게 책
을 읽어주는 것이 중요한 일임을 알고 있었기에 나는 아이
가 글을 모르던 시절에도 하루 30분씩 책을 읽어주었다. 그
냥 읽는 것이 아니라 나만의 장기를 100% 발휘해서 말

이다.

　"옛날에 콩쥐와 팥쥐가 살았는데 콩쥐는 참 착했어요. 그런데 팥쥐는 나쁜 아이였어요."

　나는 콩쥐와 팥쥐 목소리를 번갈아 내며 열심히 책을 읽었다. 목소리 톤뿐만 아니라 과장된 액션 등을 곁들여 마치 배우가 된 것처럼 연기하면서 책을 읽은 것이다. 아이들은 나의 동작 하나하나에 열광하고 환호했다. 이 시간만큼은 아이들만을 위한 멋진 배우가 된 것이다.

　사실 나는 홍보 업무를 했기 때문에 술 먹고 새벽에 들어오는 일이 빈번했다. 그러나 집에 왔을 때 아이가 깨어있으면 반드시 책을 읽어주려고 노력했다. 그것도 매우 열정적으로. 왜 이렇게 책을 읽어주었을까? 이유는 간단하다. 이 시기의 아이들은 부모가 책을 읽어주는 모습에서 책을 사랑하게 되는 마음을 얻을 뿐만 아니라 집중력 또한 길러지게 되는 것이라고 한다.

　물론 평소 성격이 점잖은 아빠들이라면 "쑥스러워서 어떻게 해." 하며 미리 포기할지도 모른다. 하지만 어린 자녀

앞에서는 열정적인 아빠의 모습으로 바뀌어야 한다. 그런 성격이 아니라면 그렇게 될 수 있도록 노력해야 한다. 물론 쉽지 않은 일이다. 하지만 거울을 보며 뮤지컬 배우처럼 연습하면 누구라도 자녀 앞에서 열정적으로 책을 읽을 수 있는 배우가 될 수 있다는 것이 나의 지론이다.

물론 엄마도 함께 책 읽기에 참여해야 더 좋은 효과를 낼 수 있다. 아이들 역시 매일 똑같은 배우를 보는 것보다는 또 다른 배우를 보는 것을 더 좋아하니까.

만화책도 아이들의 독서 습관을 길러주는 데에 좋은 영향을 준다. 사실 나도 만화 보는 것을 참 좋아한다. 나의 만화 보는 취미 덕분에 두 딸들은 어린 시절부터 만홧가게를 일찍 접하게 되었다.

작은 딸이 한글을 깨친 시기는 다섯 살 무렵이었다. 어느 일요일 오후 두 딸을 데리고 만홧가게에 갔다. 나는 내가 빌릴 만화를 고른 후 주인에게 말했다.

"애들이 볼 만한 만화 있어요?"

주인이 딸을 보고는 그 나이 또래에서 잘 보는 만화를

추천해 주었다.

"요즘 아이들, 도라에몽을 참 좋아해요."

이때부터 작은 딸의 도라에몽 사랑이 시작되었다. 이후 '탐정 코난' 으로 대체될 때까지 말이다.

작은 딸은 여느 과목 중 특히 과학을 참 잘한다. 현재까지 95점 이하로 받은 적이 없다. 과학을 좋아하게 된 데에는 어릴 적 봤던 도라에몽과 다른 만화들의 영향이 적잖이 있다고 생각한다. 둘째 딸 역시 시간과 공간을 초월하는 공상과학의 세계인 도라에몽이야말로 과학에 흥미를 느끼게 해준 책 중에 하나라고 강력히 주장하고 있다. 그래서인지 지금도 휴일이면 가끔 도라에몽을 빌려보면서 그 무한 공상과학의 세계로 빠지곤 한다.

게다가 만화는 집중력을 길러주는 좋은 길라잡이가 된다. 아이들이 유난히 만화를 보는 시간에는 거의 100% 집중을 하기 때문이다. 뿐만 아니라 만화를 다 본 자녀에게 내용을 이야기 해달라고 한다면 이는 아이들의 기억력을 향상시키는 방법이 되기도 한다. 그러니 만화책 하나만으로도 아이들이 얻을 수 있는 것은 참으로 많다(물론 만홧가게에 자녀 혼자 보내지는 말아야 한다. 아주 가끔 정말 나쁜 만화를 빌려 볼 수도 있으니 말이다).

아빠들이여, 자녀들이 책과 친한 친구가 되기를 원한다면 퇴근 후 30분은 자녀와 함께 책을 읽자. 자녀들이 책 읽는 것이 습관이 되면 훗날 세상의 모든 책(학교에 가면 배우게 되는 교과서뿐만 아니라 유익한 만화책 등을 포함한 많은 책들)과도 친해지게 될 것이다.

최근 친한 친구 내외와 서울 근교에 피서차 놀러갔다가 비가 오는 바람에 야외 천막으로 자리를 옮겨야 한 적이 있었다. 야외 천막에서 자연스레 두꺼운 소설책을 읽고 있는 큰 딸과 작은 딸을 발견한 건 더 이상 놀라운 일이 아니었다.

'논술의 신' 으로 만들다

큰 딸이 다섯 살 무렵이었다. 막 퇴근하고 들어오는데 큰 딸이 나를 보자마자 이야기 주머니를 풀어놓기 시작했다.

"아빠, 거북이가 토끼를 태우고 용궁에 갔대요. 그런데 용왕님이 아파서 네 간을 주면 안 잡어 먹지, 그랬대요. 그래서 한 대 때리고 얼른 헤엄쳐서 도망갔대요."

160

큰 딸은 원본을 각색하여 색다른 이야기를 만들어내고 있었다. 나는 이런 각색된 소설을 수도 없이 들었다. 그때마다 적극적으로 호응하며 항상 칭찬해주었다.

"아빠가 들은 이야기 중에 최고야 최고, 또 없어?"

딸은 잠시 머뭇거리며 동화책을 가져와 각색해서 또 읽었다. 거의 신바람 수준이다. 아빠에게 인정받으니 기분이 좋은 모양이었다.

부모는 어느 위대한 작가들이 쓴 책뿐만 아니라 장차 위대해질 수 있는 작가의 소설도 들어 줄 의무와 책임이 있다. 나는 내가 들어준 만큼 나의 딸들이 위대한 작가가 될 가능성이 있다고 믿는다. 그리고 실제 큰 딸은 초등학교 시절 독후감을 잘 써서 참 많은 상장을 받았다.

아빠들이여, 딸들이 이야기하는 각색된 소설을 많이 들어주자. 그러면 자녀들이 위대한 작가까지는 아니더라도 논술 잘하는 우등생은 될 테니까 말이다. 그리고 시간이 지날수록 책 읽어주는 주체가 엄마, 아빠에서 자녀들로 바뀌어야 한다는 것도 잊지 말자. 자녀들이 주체가 되어 부모에게 책을 읽어줄 뿐만 아니라 그 책의 내용이 무엇을 의미하는 지를 부모 앞에서 설명하는 것은 매우 큰 도움이 된다.

나의 아내는 아이들에게 의무적으로 책을 참 많이 읽게 했고, 나는 그 책 내용에 대해 질문을 많이 했다. 그것은 지 금도 참 잘한 일이라고 생각한다.

큰 딸이 초등학교에 갓 입학했을 때다. 퇴근하고 돌아오 는데 큰 딸이 나에게 물었다.

"아빠, 아라비안나이트와 40인의 도둑에 대해 알아요?"

"음, 잘 모르는데."

"그럼, 이야기해 줄까요?"

내가 좋다고 하자 아이는 신이 나서 이야기하기 시작 했다.

"40인의 도둑이 있었는데 기름을 부어서……어쩌고저 쩌고."

줄거리 반은 맞고 반은 잘 모르겠지만 나는 열심히 눈을 맞춰가며 들었다. 그렇게 나에게 많은 이야기를 들려주었던 큰 딸은 현재 서울 소재 외고에 다니고 있다.

아빠들이여, 피곤해도, 상사에게 한 소리 들었어도 그리
고 무더워 짜증이 나도 집 안에 들어설 때 자녀가 책 이야기
를 해준다고 하면 만사 제쳐두고 제일 먼저 듣자! 그리고 반
드시 책 내용에 대해 질문을 하자. 훗날 자녀의 논술 문제
때문에 걱정하는 일은 덜어질 것이다.

칭찬은 자녀를 춤추게 한다

부모들은 자식에 대해서 칭찬하는 데 매우 인색하다. 바로 남을 의식해서다. 그러나 자녀가 조금이라도 남보다 뒤처진다면 서슴없이 비교의 말을 내뿜는다.

얼마 전 이웃에 사는 호범이 엄마가 놀러와 아내와 시간을 보냈다.

"옆집 연이는 다섯 살인데 한글을 다 안대. 그리고 영어

책도 척척 다 읽고. 우리 호범이는 아직 한글도 못 읽으니 걱정이야.”

호범이는 장난감을 갖고 놀면서 이 이야기를 들었을 거다. 물론 지금은 직접 대꾸할 수 없는 여섯 살이었지만 분명 창피함을 느꼈을 것이다.

나는 물론 훌륭한 부모는 아니다. 그러나 호범이 엄마처럼 내 아이들을 대하지는 않았다.

나는 이 시기에 아이들에게 무한한 칭찬을 했다. 작은 딸이 여섯 살 때 구구단 중에 2단을 언니를 따라 외우다가 틀렸을 때도 거의 10여 분 동안 작은 딸을 칭찬했다.

“이젠 우리 작은 딸이 구구단을 다하네. 천재야, 천재. 누가 가르쳐 주지도 않았는데 구구단을 하는 애가 어디 있어.”

물론 그 칭찬에는 아내도 포함된다.

“당신은 천재 엄마야.”

아빠들이여, 자녀에게 얼마나 많은 칭찬을 해줬는지 돌아보자. 그리고 이 사실을 명심하자. 자녀들은 엄마보다는 아빠의 칭찬에 더 목말라 한다는 사실을 말이다. 자녀를 세심하게 관찰하고 그리고 아낌없이 칭찬을 해주자. 인생의 바다로 향하는 자녀들에게 아빠의 칭찬은 그 어떤 것보다 든든한 무기가 될 것이다.

　자녀교육에 대한 자신만의 지침서를 세우는 것은 중요하다. 스스로 만든 지침서는 자녀를 어떤 사람으로 키우겠다는 의지가 되는 것은 물론 아빠로서 자신을 돌아보는 계기가 되기도 한다. 다음은 빌 게이츠 가의 자녀교육 10계명이다. 마이크로소프트사를 만든 최고의 공학자이자, 노블레스 오블리주를 실천하고 있는 그가 지금의 모습을 갖게 된 것 역시 그의 부모님의 지침 덕분일 것이다.

1. 큰돈을 물려주면 결코 창의적인 아이가 되지 못한다.
2. 부모가 나서서 아이의 인맥 네트워크를 넓혀준다.
3. 단점을 보완해주고 뜻이 통하는 친구를 사귄다.
4. 어릴 때에는 공상과학소설을 많이 읽는다.
5. 부모의 선물이 때로는 아이의 인생을 바꾼다.
6. 신문을 보며 세상보는 안목과 관심 분야를 넓힌다.
7. 부잣집 아이라고 결코 곱게 키우지 말아라.
8. 기회가 왔을 때 머뭇거리지 말고 과감하게 도전한다.
9. 어린 시절 다양한 경험은 든든한 삶의 밑천이 된다.
10. 부모가 자선에 앞장서면 아이들은 자연스럽게 본을 받는다.

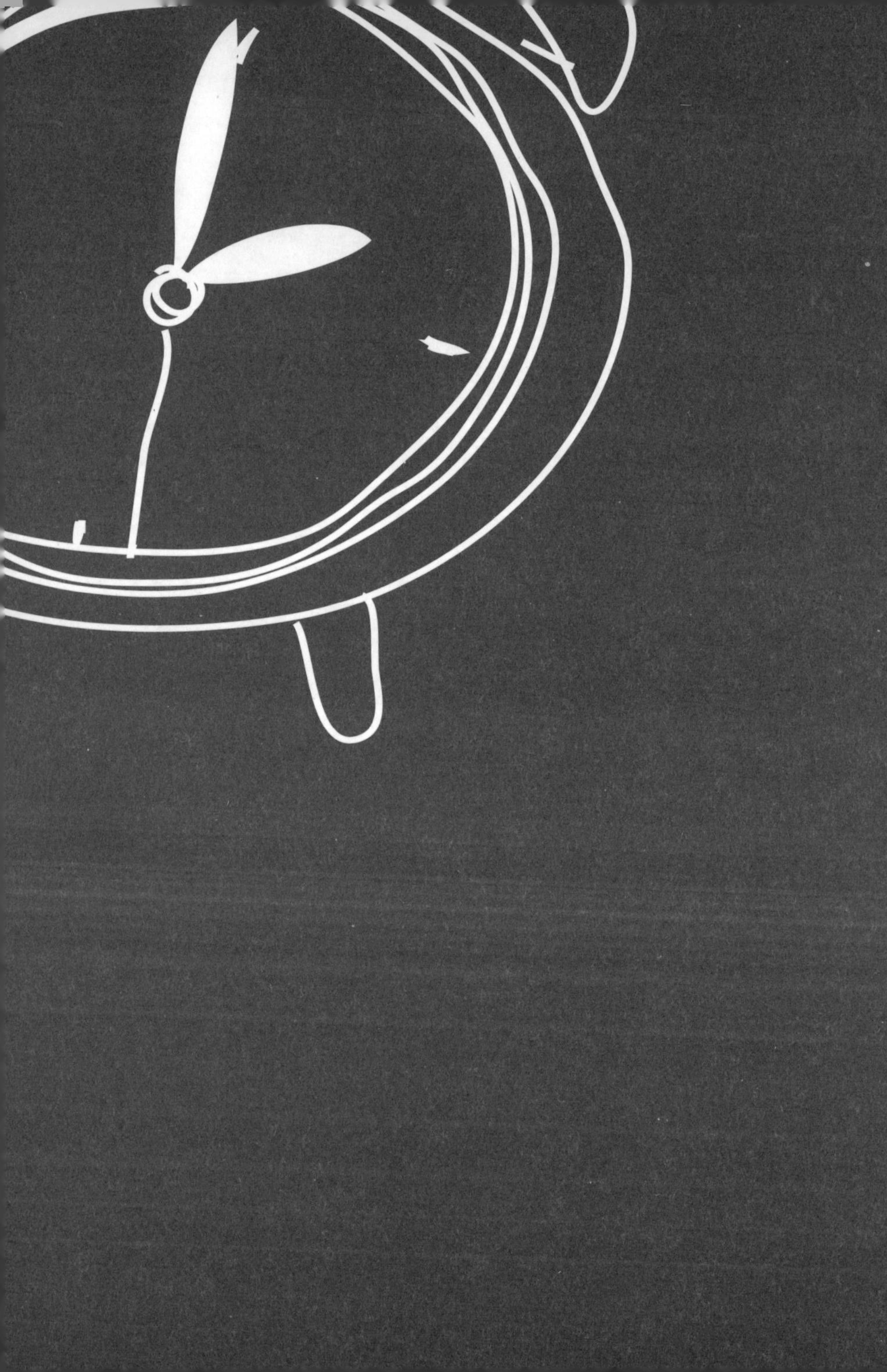

내게 선물로 돌아온

하루 30분

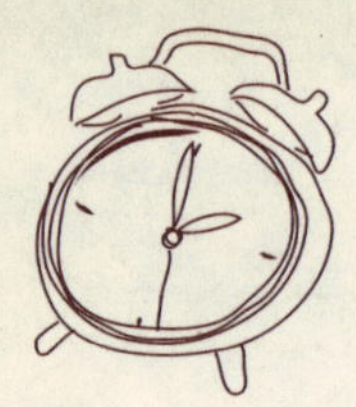

닮고 싶은 사람

빌 게이츠는 성장하면서 가장 닮고 싶은 인물로 자신의 부모님을 꼽았습니다.

부모가 자녀의 롤 모델이 된다면 그보다 더 좋을 수 없지만

부모가 아이로부터 존경받는다는 것은 쉬운 일이 아닙니다.

자녀의 롤 모델이 될 수 있는 것,

자녀에게 그리고 나 자신에게 너무도 행복하고 감사한 일입니다.

01

놀라운 하루 30분의 힘!

스스로 자신의 공부 방법을 찾다

작은 딸이 중간고사 때 수학 문제집을 갖고 오더니 나에게 문제를 푸는 시간을 체크해 달라고 했다. 실제 시험 시간에 맞추면서 연습을 하려는 것이다.

그런데 작은 딸은 문제를 다 풀지 않고 핵심 문제와 이해가 잘 되지 않는 문제만 집중적으로 푸는 것이 아닌가. 나는 작은 딸에게 물었다.

"문제를 전부 안 풀어도 되는 거야?"

"네, 아빠. 수업 시간에 선생님이 이 부분을 핵심적으로 공부하라 하셨거든요. 그리고 이런 문제는 시험 문제에 안 나온다고 하셨어요."

"그래도 한 번 풀어보는 게 좋지 않겠어? 괜히 불안해하지 말고."

"수업시간에 잘 들었기 때문에 안 풀어도 이해할 수 있어요. 괜찮아요."

나는 금세 이해를 했다. 평소 작은 딸과 하루에 30분 이상 대화를 하기 때문에 작은 딸의 학습 습관에 대해서 잘 알고 있던 덕분이다. 그리고 나는 작은 딸의 이해력을 100% 믿는다. 자신이 부족한 부분을 정확하게 알면서 공부를 하고 있다는 사실도 안다.

우리 딸들은 초등학교 때부터 나를 학생이라 생각하고 선생님이 된 듯 강의를 하면서 스스로 그 내용을 이해하는 방법을 사용해왔다. 신기하게도 이것은 내가 알려준 방법은 아니었다. 큰 딸이 먼저 시도를 했고, 작은 딸 역시 언니의

이 방법을 따른 것인데, 스스로 자신에게 맞는 학습법을 찾아나서는 것이 나로서는 신기하고 대견하기만 했다.

큰 딸이 초등학교 4학년 때였다. 어느 날 큰 딸이 수성펜으로 쓰면 쉽게 지울 수 있는 하얀 칠판을 사달라고 했다. 시험공부를 하기 위해서라고 하면서.

큰 딸은 칠판 위에 공부 내용을 적으면서 스스로 선생님이 되어 강의를 하기 시작했다.

"고려는 외부의 침입을 많이 받아 국토가 피폐해졌어요. 그때 어떻게 국난을 극복했지요?"

"네, 국민들이 항복하지 않고 외세에 맞서 열심히 싸웠어요."

큰 딸은 혼자 북 치고 장구 치고 했다. 그런데 가만 들어보니 사실감 있게 자기 스스로를 정말 잘 가르쳤다. 이렇게 소리 내어 설명함으로써 가르치는 학습내용이 저절로 암기가 되는 것이다. 두 딸의 학습 방법은 효과가 매우 컸다고 할 수 있다. 결과적으로 딸들의 학업성적이 꽤 좋기 때문이다.

아빠들이여, 자녀들을 우등생으로 만들고 싶다면 자녀들에게 선생님 역할을 하게 하자. 자녀들이 스스로 선생님 역할을 하기 시작할 때부터 자녀들은 이미 우등생이 된 것이다.

그리고 나는 이처럼 늘 딸들의 성실한 학생이 되어 강의를 들어왔던 덕분에 아이들의 학습 방법을 알게 되었다.

아빠들이여, 자녀의 낚시 포인트에 대해 알고 있는가? 자녀가 어떤 낚싯대를 사용하고 있는지, 자녀가 어떤 물고기를 잡으려고 하는지에 대해서 말이다.

오늘 30분 일찍 집에 가서 자녀와 함께 물고기 잡는 법에 대해 심층 토론을 해보는 것이 어떨까. 적극 권하고 싶다.

사교육 없이도 자신있는 국영수!

자녀가 초등학교 고학년이 되면 그때부터 대부분의 부모들은 사교육에 의존하려 한다. 자녀 교육에 있어 자신이 할 수 있는 부분이 없다고 생각하는 것이다. 사실 요즘 아이들의 영어회화 실력이 웬만한 어른 뺨칠 정도니 학교 때 공부 좀 했다고 자신하는 부모가 아닌 다음에야 일단 불안한 마음에 소문난 학원을 물색하기 바쁜 것은 이해한다.

나도 하루 30분을 자녀들과 보내고 있지만, 거의 매번 전교 1등을 하는 중학교 2학년인 둘째 딸과 외고에 진학한 고등학생 큰 딸의 공부를 봐주진 못한다. 그리고 부모가 그것을 해야 한다고 말하는 것도 아니다. '하루 30분'은 스스로의 공부 방법을 찾아가는 자녀들에게 조언 하나를 해줄 수 있는 시간이며, 치열한 경쟁사회로 들어가고 있는 자녀들에게 든든한 지원자가 있음을 느끼게 해주는 시간이다.

물론 자녀들의 공부를 위해 무언가를 할 수도 있다. 나는 좋은 학원을 찾는 대신 내가 할 수 있는 좋은 방법을 찾기 위해 애썼고, 나의 이러한 방법들은 분명 아이들의 성적에 영향을 주었다고 본다. 내가 영어와 수학 공부를 위해 나름대로 사용한 방법을 공개하면 다음과 같다.

테이프자키가 되다

나는 영어를 잘하는 편은 아니다. 나의 두 딸은 일곱 살 때부터 초등학교 4학년까지 월 6만원하는 학원에 약 5년 동안 다녔는데 지금까지 영어점수는 괜찮게 나온다.

비록 내가 영어를 잘하지 못하지만 아이들 영어 공부에 크게 기여한 일이 있다. 비싼 강남의 영어 학원을 보내는 대신, 방학을 이용해 연수를 보내주는 대신 아이들의 영어공부를 위해 나만의 방법을 찾은 것이다. 바로 아이들이 알아듣든지 말든지 상관없이 무조건 저녁에 영어 테이프를 튼 것이다. 말 그대로 디스크자키가 아니라 테이프자키를 했던 것이다. 나는 이 방법을 꽤 오랫동안 실천했고, 한동안 우리 거실은 뉴욕의 가정집이 되었다.

두 딸의 영어 실력이 향상된 데에는 테이프자키로서의 나의 노력의 덕도 분명 있을 것이다. 두 딸은 부정할지 모르겠지만.

내 경험으로 볼 때 이 방법은 일곱 살에서 초등학교 4학년까지 집중적으로 하면 효과가 있다. 이 시기는 테이프자키로서의 아빠들의 인내심이 시험 받는 때이기도 하지만 말이다.

혹 지금 기러기 아빠가 될 처지에 놓인 사람이 있다면 근처 서점에 가서 가장 잘 팔리는 기초 회화 책(테이프 딸린

것)을 사서 퇴근 후 자녀들이 집에 있건 없건 딴 짓을 하건 말 건 상관없이 무조건 틀어주자! 나중에는 아빠, 엄마도 자연스레 영어실력이 늘어나는 보너스를 받게 될 것이다. 자, 그럼 오늘부터 당장 시작해 보자.

"오늘은 호텔에서 룸서비스 받는 부분을 틀어 볼까?"

수학은 '위편십절' 로 마스터하자

영어보다 수학이 더 문제였다. 어떻게 하면 도움을 줄 수 있을까 고민하다가 서점에 가서 수학문제집을 샀다. 그리고 수학문제집을 하루에 4페이지씩 풀면 한 달 내 학기과정을 끝낼 수가 있다는 결론을 냈다.

그리고 나는 큰 딸의 수학문제 하루 분량 끝내기 작전에 돌입했다. 어떤 날은 나름대로의 금전살포를, 어떤 날은 권위 있는 아빠로서 온갖 방법을 다 동원한 것이다.

정말 이해가 안 되서 문제를 못 풀 경우에는 해답이라도 보면서 풀라고 했고 그래도 이해가 안 되면 '아하, 이런 문제가 나를 괴롭히는구나' 라고 그 존재만이라도 인식하라고 했다.

단 하루도 거르지 않고 하루치 분량을 체크했고 체크한 후에는 나의 멋있는 사인과 함께 무조건 잘했다는 칭찬의 말을 절대 아끼지 않았다. 그리고 정확히 30일이 되는 날 큰 딸은 수학책을 다 보게 되었다.

나는 같은 책을 다음 달에도 똑같은 방법으로 공부하자고 했다.

"다 본 건데 또 봐야 해요?"

큰 딸이 이해가 되지 않는다는 듯 물었다.

"대신 지난번에 봤던 부분 중에서 이해가 안 되는 부분을 집중적으로 보면 돼."

큰 딸은 수학책을 또 풀었고, 나는 30일 동안 열심히 사인을 했다.

책을 한 번 보고 다 이해한다면 천재나 마찬가지다. 더구나 내 딸이 천재가 아닌데 한 번 보고 어떻게 다 알겠는가. 게다가 그 어렵다는 수학을 말이다.

옛말에 '위편삼절' 이라는 말이 있다. 책을 반복적으로 읽으니 책 묶은 끈이 3번이나 끊어졌다는 뜻이다. 이것은 뜻을 이해하려면 끈이 끊어질 때까지 계속 읽으라는 말이다.

그러니 수학같이 어려운 학문은 '위편삼절'을 해야 하는 것이 당연한 일이다(하지만 나는 한 학기가 끝날 때까지 네 번 보는 것으로 만족해야 했다).

아빠들이여, 자녀들이 성취감을 느낄 수 있는 동기를 부여하자. 그러다보면 자녀들은 언젠가 스스로 동기를 찾아낼 것이다. '위편삼절'을 스스로 할지 누가 알겠는가.

공교육만으로도 우등생이 될 수 있다

중학교에 입학한 작은 딸은 중학교 진단시험 4과목 중 단 한 문제를 틀렸다. 학교에서는 교육청에서 실시하는 영재 교육 시험에 응시하라고 권했고, 그 시험에서도 1등을 해 1년 동안 영재교육을 받는 기회를 얻었다.

현재 중학교 2학년인 작은 딸은 줄곧 전교 1등을 하고 있다. 물론 작은 딸은 학원을 전혀 다니지 않는다. 대신 월

수금은 학교의 방과 후 수업을, 화목은 교육청에서 실시하는 수월성 교육을 타 중학교에서 받고 있다. 물론 수업료는 없다.

작은 딸은 평소에는 공부를 하지 않는 편이다. 선행 학습은 물론 복습도 안 한다. 거짓말처럼 들릴지 모르겠지만 시험 10일 전부터 시험공부를 하는 것을 제외하고는 공부를 진짜 안 한다. 많은 사람들로부터 비난을 받을지도 모르겠다. 하지만 앞서 언급했듯이 기러기 아빠들에게 그리고 사교육비에 휘청거리는 평범한 아빠들에게 권하는 이야기들임을 다시 한 번 강조한다. 최소한의 비용으로 최대한의 효과를 보는 방법에 대한 내 경험을 이야기하고 있는 것이니 말이다.

평소 공부도 잘 안하는 작은 딸이 그렇다면 어떻게 우등생이 될 수 있을까? 지금부터 작은 딸의 공부 방법에 대해 설명하려고 한다. 어느 날 작은 딸이 시험공부를 하는 도중에 내게 말했다.

"아빠, 오늘 수학 선생님 말씀을 들었는데 이 문제가 서술형으로 나올 확률이 높을 것 같아요. 언뜻 말씀하셨지만 힌트를 주신 것 같아서 그래요."

다음 날 작은 딸이 신이 나서 말했다.

"오늘 시험 문제에 8점짜리 서술형으로 그 문제가 나왔어요."

그리고 작은 딸은 100점을 받았다. 어떻게 100점을 받았을까? 나의 작은 딸은 교과서를 정말 사랑한다. 참고서인 경우에도 과목당 한 권 이상은 사지 않는다. 작은 딸은 수학, 과학을 아주 잘한다. 과학인 경우 초등학교 때는 계속 만점을 그리고 중학교 2학년인 현재까지도 95점 이하를 받아본 적이 없다. 수학도 비슷하다.

작은 딸의 교과서에는 선생님 말씀이 정말 많이 적혀 있다. 그리고 시험 때에는 몇 번이고 교과서를 반복하여 읽는다. 그것도 다 읽지 않는다. 선생님이 강조한 부분만 통째로 외우듯이 읽는다. 그리고 우등생이 된다.

내 말에 '시대가 바뀌었는데 선생님 말씀 잘 듣고 교과서만 보면 된다고? 말도 안 되는 소리야. 어쩌다 딸이 성적이 잘 나오는 거겠지.'라고 생각하는 사람들도 있을 것이다.

그러나 작은 딸이 교과서를 사랑하는 건 사실이고, 작은 딸의 지극한 교과서 사랑이 아이에게 좋은 성적을 가져다주는 것도 사실이다.

많은 아이들이 열심히 공부를 한다. 하루 종일 학교에서 그리고 학원에서. 하지만 다른 아이들이 만족할 만한 성적을 내지 못하는 이유는 바로 여기에 있다고 생각한다. 학교에서는 숭어를 잡는 문제를 내는데 학원에서는 상어 그리고 고래를 잡는 법만 가르쳐준다. 그것도 아주 어렵고 난해한 문제만 골라서 말이다.

고래 잡는 법을 배웠으니 숭어 잡는 것은 식은 죽 먹기처럼 여겨질지도 모르겠지만, 오히려 고래잡이 창으로 숭어를 잡는 것은 어렵다. 그래서 아이들은 고래잡이 창으로 숭어를 잡을 수가 없어 아예 숭어 잡는 것을 포기한다. 그리고 왜 숭어를 잡지 못했는지 모른 채, 다시 고래 잡는 법을 가르쳐주는 학원으로 달려간다.

고래, 부모들도 잡기 어려운 것을 어린 자녀들이 쉽게

잡을 수 있을까. 물론 신동이나 수재들이 간혹 나타나 고래를 잡기는 한다. 그래서 부모들은 자신의 자녀들이 어쩌다가 그 어려운 고래를 잡을 수 있을 거라는 희망을 갖고 밤늦게까지 자녀들을 학원으로 보낸다.

나는 학교에서 고래 잡는 방법을 가르쳐 주지 않는 것이 아니라 초등학교에서는 피라미와 붕어를, 중학교에서는 숭어와 광어를, 고등학교에서는 참다랑어를 그리고 대학교에 가서야 고래를 잡는 방법을 가르치는 것이 아닐까 생각한다.

오늘도 작은 딸은 숭어를 잡기 위해 학교로 가서 선생님이 말씀하는 내용을 하나도 빠뜨리지 않고 열심히 주의 깊게 그리고 집중적으로 듣는다.

우리가 그동안 너무 공교육을 우습게(?) 보지는 않았는지 돌아보자. 교과서의 우수성과 수업시간 선생님 말씀에 많은 해답이 있음을 얘기해 주기는커녕 각종 참고서와 문제집을 사준 것은 아닌지 생각해보자. 성적이 나오지 않을 경우 아이의 수업 시간 학습 태도에 문제가 있는 것은 아닌지 찾아보기 전에 소문난 학원 등록에만 열을 낸 것은 아닌지.

나는 믿는다. 그리고 나의 믿음을 두 딸이 증명해 주고 있다. 교과서에 바로 우등생이 되는 지름길이 있다고 말이다.

적재적소에 무기를 잘 활용하는 고수

두 딸이 전혀 학원을 다니지 않았던 것은 아니다. 필요할 때마다 가끔씩 한 과목을 정해서 간헐적으로 학원을 다녔다. 하지만 작은 딸은 중학교 2학년이 되면서 학원을 전혀 다니지 않는다. 사실 작은 딸이 학원을 잠시 다니는 동안 중간고사에서 전교 1등을 해 학원에서 학원비를 3개월 동안 50%를 감면해 주겠다고 한 적이 있다. 하지만 학원을 보내지 않았다.

　반면 큰 딸은 작은 딸보다 학원을 조금 더 다닌 편이다. 그렇다고 꾸준하게 학원을 다니는 스타일은 아니다. 수학이나 영어 중에서 자신에게 부족한 부분이 있다는 생각이 들 경우에만 다녔는데 그것마저도 6개월 이상을 지속하는 경우는 없었다. 그나마 큰 딸이 가장 열심히 학원을 다녔던 시기는 중학교 3학년 때 외고를 가기 위해서 5개월 외고 입시반에 다녔던 때다.

　큰 딸은 토요일과 일요일 이틀 동안 수학 학원에 다니고 있다. 평소 수학 공부를 게으르게 한 탓도 있지만 매사 모든 문제를 눈앞에 닥쳐서야 해결하려는 느긋한 성격 때문에 수학 공부를 제대로 하지 않아서 지난 중간고사에서 수학점수가 신통하게 나오지 않았기 때문이다. 그래도 스스로 물고기 잡는 방법을 일찍 터득했기 때문에 조급함을 드러내지 않고 천천히 아주 천천히 수학이라는 물고기를 잡는 데 전력투구를 하고 있다. 나는 큰 딸의 그런 모습을 신뢰감을 갖고 지켜보고 있다.

"아빠, 지난 중간고사에서는 별 준비 없이 수학 시험을 봐서 자신이 없었는데, 이번 기말고사 수학 시험에서 서술형 문제는 틀린 게 없어요."

이제 수학에 자신감이 생긴 모양이다. 사실 큰 딸은 뒤떨어진 수학을 보충하기 위해 인터넷 강의와 수학 학원(월 22만원)을 병행했다. 그리고 두 달 뒤 기말고사에서 수학에 대해 나름대로의 자신감을 회복한 것 같았다. 학원에서 배웠던 것이 자신감 회복에 도움이 되었던 모양이다.

큰 딸의 말에 의하면 뒤떨어진 과목을 보충하는 데 있어서 맞춤형(단과) 학원은 꽤 좋은 친구라고 한다. 사교육을 시키지 않기 위해 하루 30분을 자녀에게 투자하라고 말하고 있지만 그렇다고 해서 학원에 보내는 것이 무조건 나쁘다고 말하는 것은 아니다. 학원도 필요하면 보내야 한다. 단지 자녀들이 스스로 무엇이 부족한지 느끼지 못한 상황에서 남들 가니까 억지로 등 떠밀려 하루의 소중한 시간을 좁은 학원 강의실에 갇혀 보내게 하지는 말자는 것이다.

사실 학원을 보낸다는 것이 부모에게는 "자녀를 위해 좋은 투자를 했다”는 위안을 줄 뿐이고, 자녀들 역시 “학원에 갔다”는 것만으로 그 시간 동안 공부를 했다는 착각을 주고 있는지도 모른다. 머릿속엔 온갖 복잡한 생각들을 가득 채운 채 앉아 있기만 했으면서도 말이다.

자녀들을 너무 일찍 사교육에 노출시키면 스스로 물고기 잡는 방법을 터득하지 못할 우려가 있다.

큰 딸은 스스로 부족한 부분을 채우기 위해 잠시 학원에 다닐 뿐, 사실 학원보다는 인터넷 강의를 사랑한다. 인터넷 강의는 이해가 안 되는 문제의 경우 이해가 될 때까지 계속 반복해서 들을 수 있을 뿐만 아니라 학교 수업시간에 놓친 부분을 보충할 수 있기 때문에 학습내용을 이해하는 데 큰 도움이 된다고 한다.

큰 딸이 중학교 2학년 중간고사 때였다.

“큰일 났네. 내일 수학 시험이 있는데, 정말 모르겠네.”

큰 딸의 학습 스타일을 알고 있었기 때문에 나는 큰 딸의 이런 행동에 대해 거의 신경을 쓰지 않았다. 내가 별 반응을 보이지 않자 큰 딸이 말한다.

"아빠 이따 12시쯤 라면 좀 끓여주세요."

큰 딸은 귀에 이어폰을 낀 채 밤새도록 인터넷 강의를 들었다. 인터넷 강의를 통해 모르는 부분을 완벽하게 이해해내는 것이다.

나도 EBS에서 실시하는 영어나 수학 또는 국사 등의 강의를 가끔 시청하는데 그럴 때마다 정말 잘 가르친다고 감탄하곤 한다. 나는 아빠들이 퇴근한 후 EBS 수능 방송을 잠깐 동안이라도 보길 바란다. 그러면 왜 자녀들이 인터넷 강의를 시청해야만 하는지 알게 될 것이다. 나처럼 EBS 수능 방송을 진행하는 선생님들의 명 강의에 감탄을 했다면 바로 컴퓨터를 켜자. 그리고 학원비보다 월등하게 저렴한 유료 인터넷 강의에 가입하자. 아빠가 주는 인터넷 강의 선물은 어느 순간 자녀가 요긴하게 사용할 수 있는 또 하나의 무기가 되어줄 것이다.

중요한 것은 어느 시점에서 어떤 도움을 받는 것이 좋을지 자녀들이 스스로 선택하는 것이다. 지금 자신에게 필요한 무기가 무엇인지, 어떤 무기가 가장 효과적인지 안다면 어떤 전쟁에서든 승리할 수 있을 것이다. 남들이 사용하고 있는 무기가 아무리 크고 좋아보인다 하더라도 자신에게 맞지 않는다면 무용지물일 뿐이다.

나는 매우 현명하게 적재적소에 자신에게 필요한 무기를 선택해내고 있는, 그리고 제법 고수가 되어 가고 있는 딸들이 자랑스럽다.

자신의 길을 스스로 만들어가는 아이들

"아빠 이번 겨울 방학 중에 싱가포르에 가게 되었어요.
영어 수월성교육에서 4박 5일간 싱가포르에서 체험 학습을
한대요."

작은 딸이 교육청에서 주최하는 영어 수월성교육을 통
해 해외에 나갈 기회를 얻었다.

"그리고 비용은 40%를 지원해 준대요."

작은 딸은 지난해 학업우수자 선정으로 교육청이 주최한 일본 학습 체험을 1주일 동안 다녀온 적이 있다. 물론 그때도 개인 비용을 전혀 들이지 않고 말이다. 그런데 이번에도 또 그런 기회를 얻었다고 하니 참 대견스럽기도 하고, 미안하기도 했다.

사실 나는 부모 입장에서 우리 아이들에게 미안한 것이 참 많다. 그 중 하나가 경제적인 이유로 아이들에게 어떤 기회를 주지 못한 점이다. 견문을 넓힐 기회를 내가 직접 주지 못한 것도 이에 해당된다.

아이를 유학 보내 기러기아빠가 되고 싶지는 않지만, 방학 때 여행이든 연수 등의 프로그램을 통해 해외에 나가 다양한 경험을 하고 견문을 넓히는 것은 아이가 새로운 시각을 가질 수 있는 기회가 된다고 생각한다. 하지만 경제적인 이유로 아이들에게 해주지 못해 내심 미안한 마음이다. 그런데 딸이 스스로 그 기회를 만들어오니 부모 입장에서는 대견스럽기도 하고, 미안하기도 하고 그렇다.

작은 딸이 처음부터 해외 견문을 넓히기 위해 열심히 공

부하겠다는 의지를 가지고 도전한 것은 아니지만 어찌되었
든 결과적으로 학업 성적이 우수해 해외 학습체험을 두 번
씩이나 가게 된 것이다. 조금 위안을 하자면, 딸이 스스로
자신의 기회를 만들어 나가는 것 역시 내가 아이에게 스스
로 물고기 잡는 방법을 알려주고 물고기 잡는 것을 즐기는
마음을 주었기 때문이 아닐까.

사실 나는 요즘 내가 실천한 하루 30분의 힘이 내가 생
각했던 것보다 커서 많이 놀란다. 특별한 사교육 없이 큰 딸
이 외고에 진학한 것도 그렇고, 스스로 꿈을 꾸고 그것을 이
루기 위해 길을 찾는 아이들의 모습을 볼 때 또한 그렇다.

"아빠, 저 경영학과를 목표로 공부하려고 해요."

고등학교 1학년인 큰 딸은 이미 자신이 하고 싶은 공부
가 정해졌다. 자신의 적성이 무엇인지 스스로 알고 삶의 방
향을 정하는 모습은 또한번 나를 감동시킨다.

큰 딸은 초등학교 시절부터 자신의 인생 도화지에 나름
대로 자신의 꿈을 스케치하면서 자라왔다. 그리고 자신이
하고 싶은 일이 무엇인지 스스로 판단하고 그것을 용기있게

실천해왔다. 초등학교 시절 다녔던 영어 학원에서 스스로 영어 발표회에 나간 일, 중학교 시절 자신의 학과 수준에 맞게 단과 학원을 선정하여 다닌 일, 좋아하는 가수 때문에 일본어를 배운 일, 외고 진학을 결심한 일 등이 그렇다.

물론 시행착오적인 일도 있었고, 수시로 바뀌어가는 인생 설계도 있어 완벽하게 설계되어 있지는 않지만 스스로 자신의 삶을 개척한다는 사실이 부모의 입장으로 볼 때는 정말 대견하다는 생각이 든다.

혹 가끔 아내는 "부모로서 제대로 뒷받침을 해주지 못하는 것이 안타까워요"라고 말한다. 그럴 때마다 나는 보다 더 많은 관심과 사랑을 주기 위해 더욱 노력한다.

경제적 지원을 제대로 하지 못하고 있다는 미안함 대신 매일 30분 이상의 대화라는 시간을 주었고 위엄을 갖는 아버지의 역할보다는 절친이라는 감정으로 아버지 역할을 했다. 또한 가식적인 삶보다는 조금은 곤궁하지만 솔직한 삶을 보여주었으며 인생의 굴곡에서 힘들어하는 모습보다는 당당히 견디어 내는 모습을 보여주었다.

아마 큰 딸도 현재 경제적으로 어렵다는 가정의 환경보다는 그 삶 속에서 자신이 어떻게 사는 것이 최선을 다하는 것인지를 깨치고 있을 것이다. 그 덕분에 스스로 인생을 설계하는 능력을 갖추게 된 것이라 생각된다.

혹 살다가 경제적으로 어려운 상황이 오더라도 자녀들이 경제적인 궁핍 때문에 인생을 잘못 살게 되지는 않을까 하는 걱정을 할 필요는 없다. 물론 아빠가 충분히 자녀에게 시간을 투자한다는 전제하에 말이다.

최근에 작은 딸과 새벽 2시까지 여러 이야기를 나누었다. 별자리와 그리고 운명, 죽음의 세계 등 우리 대화의 소재는 참 폭넓고 깊었다. 그곳에는 중학교 2학년 딸은 없었다. 다만 인생을 함께 논의한 정말 친한 친구가 있었을 뿐이다.

딸이 내게 준 또 하나의 선물, 외고 합격

큰 딸이 중학교 3학년이 되던 겨울 방학 때다. 딸아이가 학원에 가고 싶다고 했다. 사실 당시 나는 경제적으로 어려웠기 때문에 약간은 부담스러웠지만 스스로 무언가 부족함을 느끼고 필요로 하는 것이라 생각하고 승낙을 했다. 그런데 글쎄 요가학원에 등록하겠다는 것이 아닌가. 순간 화가치밀어 올랐다.

"왜 갑자기 요가학원을 간다는 거야?"

"살 좀 빼려고 그래요."

기가 막힌 노릇이지만, 나는 큰 딸을 믿고 요가학원에 보냈다. 큰 딸은 중 3이 되던 그 겨울에 요가학원을 한 달 다녔다. 그리고 그 해 7월, 큰 딸이 또 학원에 등록하겠다고 말을 했다.

"또 무슨 학원을 간다는 거야?"

사실 이때 나는 큰 딸이 나의 상황은 고려해주지 않고, 내가 생각하기에 꼭 필요하다고 여겨지지 않았던 요가학원에 갔던 것이 생각나 불쑥 언성이 높아졌다.

"외고 입시 반에 등록하려고요."

처음 그 말을 들을 때 당황스러웠다. 월 50만원 하는 학원비도 학원비지만 난데없이 외고를 가겠다고 하니 말이다. 아내는 그래도 들어주어야 하지 않겠느냐며 학원에 등록시켜 주자고 했다.

큰 딸은 학원 외고 입시 반에 거의 바닥(?)권으로 들어갔고, 큰 딸의 벼락치기 외고 준비는 무더운 7월 정말 짜증나는 더위와 함께 시작되었다. 그리고 놀랍게도 큰 딸은 5개월 후 서울 소재 외고에 합격했고 지금 아주 잘 다니고 있다.

우리 부부에게는 공통점이 있다. 자녀 교육에 대해 조급함이 없다는 것이다. 특히 아내에게는 확실한 지론이 있는데, 그것은 '그때그때 잘해' 다. 현재 상태에서 최선을 다하면 된다는 뜻이다.

사실 아내는 신념이 확실한 '아빠 같은 엄마' 다. 이런 엄마의 확실한 신념을 알고 있는 두 딸이 조급함을 갖고 위험을 무릅쓰면서 '고래' 를 잡으려고 할까?

두 딸은 안다. 자신들이 0.1%에 해당하는 천재가 절대 아니라는 사실을. 그래서 중학교 2학년인 작은 딸은 '숭어' 잡기에 그리고 고등학교 1학년인 큰 딸은 '참다랑어' 잡기에 최선을 다하고 있다. 두 딸 모두 큰 비용을 들이지 않고도 아주 잘 잡는다.

"옆집 아이는 중학교 1학년인데 고등학교 1학교 수학을 다 마스터 했대. 특목고뿐만 아니라 과학고는 따낸 당상이

래.”

　대부분의 엄마들은 이 소식을 듣자마자 부리나케 강남의 어느 학원에 등록한다. 특목고 대비 입시학원에. 뿐만 아니라 특목고 어드밴티지(advantage)를 얻고자 영재학원에 등록한다. 옆집 아이 때문에 조급증이 난 것이다.

　하지만 조급증만으로 해결되는 것은 없다. 중요한 것은 자녀가 어떤 상황인지를 파악하는 것이다.

　조급증만 앞세운 채 자녀가 ‘숭어’라도 잡을 수 있는지 아니면 ‘숭어’보다도 더 작은 ‘붕어’라도 제대로 잡을 수 있는지 전혀 파악하지 않고 무조건 ‘고래’를 잡기를 바라면서 학원에 등록부터 한다면, 오히려 자녀에게 숭어나 붕어를 잡을 기회조차 주지 않는 부모가 되어 버리는 것이다.

　그리고 0.1%의 천재들만 ‘고래’를 잡는다는 평범한 사실도 잊지 말자!

　다시 한 번 강조하지만 자녀들에게 어린 시절부터 물고기 잡는 법을 가르쳐주자. 그러면 자녀는 혼자 힘으로 자신의 인생을 설계하고 자신이 선택한 길을 갈 것이다.

왜 부모들이 자녀에게 물고기 잡는 방법을 가르쳐주어
야만 하는지 그 답은 나의 딸들에게서 찾을 수 있기를 바랄
뿐이다.

사랑하는 딸들에게

너희들은 잘 모르겠지만 아빠는 큰 딸이 태어났을 때에는 생명의 탄생에 대한 신비로움에 많은 밤을 기쁨과 흥분으로 하얗게 지새웠단다. 또한 둘째 딸이 이 세상에 그 존재를 알렸을 때에는 삶이 풍족함과 행복함으로 가득차고 있음을 느꼈단다.

그래서 아빠는 곰곰이 많은 생각을 하게 되었단다. 이

세상에 태어난 내 아이들에게 어떤 선물을 선사하면 우리 딸들이 이 이세상이 얼마나 아름다우며 신비하고 그리고 멋진 곳으로 이루어졌는지를 깨달을 수 있을까 하는 그런 생각을.

그래서 아빠는 결심했단다. 아빠가 아무리 바쁘고 힘든 일이 생기더라도 최소 하루에 30분은 우리 딸들과 함께 하면서 아빠가 얼마나 딸들을 사랑하는지를 그리고 그 사랑하는 마음을 어떻게 실천해 나가는지를 보여주기로 말이야.

너희들이 말을 못했을 때에는 많은 사랑의 말을 가르쳐줬고 그리고 걷기 시작할 때에는 넘어져서 다치지 않도록 너희 손을 잡아 주었으며 말을 하기 시작했을 때에는 쫑긋 귀 기울이며 너희 말을 경청하고 그 뜻을 헤아려 너희들이 무엇을 원하는지 이해하기 위해 애를 썼단다.

그리고 지금 너희들이 아빠가 생각한 것보다 훨씬 많이 훌륭하게 성장해주어 아빠는 매우 행복하단다.

아빠의 두 딸들아!

모든 아빠들이 자신들의 아이들이 소중하듯 너희들 역시 아빠에게 정말 소중할 뿐만 아니라 절대 평범하지 않은 아주 고귀한 존재임을 알리고 싶다.

존재하고 있다는 사실 하나만으로 아빠에게 무한한 기쁨과 행복을 전해 주고 있는 사랑하는 너희들이 지금처럼 건강하고 활기 찬 모습으로 먼 훗날 홀로 우뚝 설 때까지 잘 성장하기를 바라는 마음으로 이만 글을 접는다.

아빠가

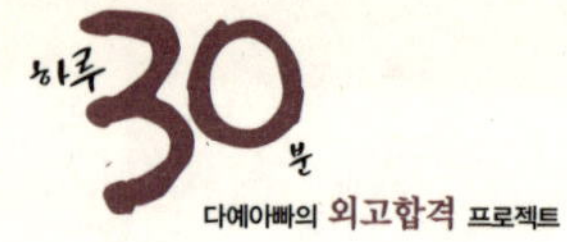

초판1쇄 발행 2009년 1월 20일

저자 이정규
발행인 백영곤

책임편집 정재은 **마케팅** 이현정 **관리** 강미연
디자인 이지현 **인쇄** 대일문화사

발행처 도서출판 장서가(주)
출판등록 2007년 10월 29일 제 313-2007-000211호
주소 서울시 마포구 서교동 395-180 서주빌딩 301호
연락처 (T) 02-334-9681 (F) 02-334-9682
홈페이지 www.jangseoga.com

정가 10,000원
ISBN 978-89-93210-19-4 03370